ERIC NIL
Abifeier

ERIC NIL
Abifeier Roman

Galiani Berlin

Verlag Kiepenheuer & Witsch, FSC® N001512

1. Auflage 2018

Verlag Galiani Berlin
© 2018, Verlag Kiepenheuer & Witsch, Köln
Alle Rechte vorbehalten. Kein Teil des Werkes darf in
irgendeiner Form (durch Fotografie, Mikrofilm oder
ein anderes Verfahren) ohne schriftliche Genehmigung
des Verlages reproduziert oder unter Verwendung
elektronischer Systeme verarbeitet, vervielfältigt
oder verbreitet werden.
Umschlaggestaltung Manja Hellpap und Lisa Neuhalfen, Berlin
Stammbaumicons Freepik/www.flaticon.com. Lizenziert
unter CC 3.0. BY
Lektorat Esther Kormann
Gesetzt aus der Utopia von Robert Slimbach
Satz Buch-Werkstatt GmbH, Bad Aibling
Druck und Bindung GGP Media GmbH, Pößneck
ISBN 978-3-86971-165-2

*Weitere Informationen zu unserem Programm
finden Sie unter www.galiani.de*

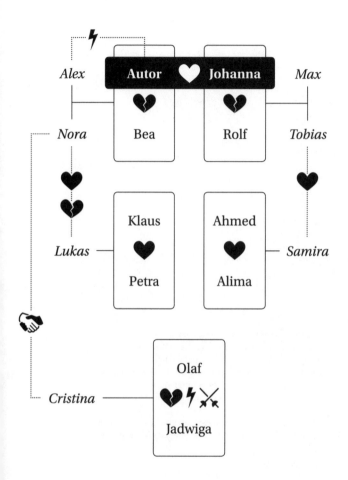

ary # ERSTER TEIL
Tischordnung

Im Winter erzählte mir meine Tochter Nora, einige Wochen nach den Abitur-Prüfungen werde ein Fest stattfinden, ein Ball, zu dem auch die Eltern und Verwandten eingeladen seien. Ein paar aus ihrer Schule seien auf diese Idee gekommen, hätten ein Organisationskomitee gegründet und bereits einen Saal in einer ehemaligen Maschinenfabrik gemietet. Es solle etwas Besonderes werden, die Damen im langen Schwarzen, die Herren mit Krawatte, ein Glas Sekt zum Empfang. Danach gemeinsames Essen der Schüler mit ihren Eltern und Verwandten. Hinterher Verabschiedung der Eltern und Tanz der Abiturienten in die Morgendämmerung.

Ich fand es eine schöne Idee, dass die Schüler, die so viele Jahre miteinander verbracht hatten, zum Abschied, bevor sie sich in alle Winde zerstreuten, noch einmal gemeinsam ein Fest feierten und dass sie diesen Moment der Freude, aber auch des Abschiedsschmerzes und der Bangigkeit vor der Zukunft mit ihren Eltern teilen wollten.

Nora kam nun auf die Tischordnung zu sprechen: Es gebe in dem Saal nur große Tische à maximal zwölf Personen, und das Komitee habe darum gebeten, dass jeder Schüler bis Ende Februar mitteile, mit wem er oder sie an einem Tisch sitzen wolle.

»Na mit wem wohl?«, sagte ich.

Nach meiner Scheidung von Bea vor sechs Jahren war ich von Basel nach Hamburg gezogen, vom Rhein an die Alster – ich wechselte die Flüsse, wie es ein Freund von mir nannte. Das klang besser als *Frau und Kinder verlassen*. Nora und Alex, mein Sohn, zwei Jahre älter als Nora, blieben bei Bea in Basel, was nicht mein Wunsch war, aber alles andere wäre unrealistisch gewesen, aus schulischen Gründen und wegen ihrer Freunde, sie wollten nicht aus ihrem Leben herausgerissen werden, nur weil der Vater die Flüsse wechselte. Bea und ich verhandelten über die *Besuchszeiten,* bei dem Wort sah ich jedes Mal weiße Kacheln vor mir, einen Wärter in Filzpantoffeln und eine Luke, die mein Kind öffnete, damit ich mit ihm sprechen konnte. Ich sollte monatlich für zwei Tage nach Basel kommen, um die Kinder zu sehen. Allerdings wollte Bea nicht, dass ich in der ehemaligen gemeinsamen Wohnung übernachtete. Das machte meine Besuche kompliziert und unbequem. Ich übernachtete bei

Freunden auf dem Schlafsofa oder auf einem Futon in deren Arbeitszimmer. Ich fragte mich, warum sie eigentlich alle kein Gästezimmer hatten, und sie fragten sich, wann ich endlich wieder ging.

Meine ersten zwei Besuche verliefen so, dass Nora sich irrsinnig freute, mich zu sehen, während Alex mir nur kurz die Hand schüttelte und dann irgendetwas vorhatte, Fußball mit Freunden, Hausaufgaben, für den Nachbarn Kaminholz hacken. Bea behandelte mich zunächst freundlich, sozusagen mit der Restwäme, die von unserer Beziehung übrig geblieben war. Wenn ich Nora besuchte, überließ sie uns das Wohnzimmer und ging längere Zeit in die Stadt, um einzukaufen oder sich mit ihrer Freundin zu treffen, damit Nora und ich allein sein konnten. Nora war zwölf, und sie versuchte, mich in der kurzen Zeit, die uns blieb, mit ihrem Leben und den Veränderungen, die sie durchlief, vertraut zu machen. Aber es war schwierig und bald sogar quälend, mit Nora auf dem Sofa zu sitzen, auf dem wir früher als Vater und Tochter gesessen hatten und jetzt als Besucher und Besuchte, stets saß der Wärter mit den Filzpantoffeln zwischen uns und horchte. Über allem lag eine Traurigkeit, die stärker wurde, je näher der Abschied rückte.

Gleichzeitig versuchte ich, Alex aus seinem Zimmer zu locken, denn er verbat mir den Zutritt. Einmal, im Sommer, saß er mit verschränkten Armen und zusammengepressten Lippen im Garten auf einem roten Klappstuhl und drehte den Kopf weg, als ich ihm alles zu erklären versuchte. Je länger ich redete, desto hartnäckiger schwieg er, und in dieses Schweigen hüllte er sich bald vollständig ein, es wurde sein Zaubermantel, mit dem er sich unsichtbar machte.

Bei meinem dritten Besuch bekam ich ihn nicht zu Gesicht. Bea fand es nun plötzlich nicht mehr ideal, dass ich mich mit Nora in der Wohnung traf, wegen Alex, wie sie sagte. Ja, und auch für sie sei es eine Belastung. Es sei ihr lieber, wenn ich Nora irgendwo in der Stadt treffe.

Es trat also der denkbar schlimmste Fall ein: Nora besuchte mich im trostlosen Zimmer eines Businesshotels. Wir tranken Orangensaft aus der Minibar und verließen das Zimmer, um den Tag im Kino, im Wald bei Spaziergängen, in Restaurants zu verbringen; wir saßen bis spät in die Nacht auf dem Rand eines städtischen Brunnens.

Dass beide Kinder, wie anfänglich geplant, mich in den Ferien jeweils in Hamburg besuchten, wurde noch vor den ersten Ferien illusorisch. Nora kam, aber Alex nicht. Ich zeigte Nora die schönsten Plätze Hamburgs, aber die Stadt war ihr egal, sie wollte mit mir zusammen sein. Inzwischen hatte ich mich in eine Hamburgerin verliebt, in Johanna, die gleichfalls geschieden war und zwei Kinder hatte, den kleinen Max, der damals erst drei Jahre alt war, und Tobias, altersgleich mit Nora. Es kam aber noch zu keinem Treffen der Kinder. Johanna hatte mir ihre Kinder zu diesem Zeitpunkt noch nicht vorgestellt und ich ihr Nora nicht. Wir wollten zuerst sicher sein, dass das zwischen uns etwas *Festes* war. Als wir uns eines Tages sogar sehr sicher waren, lud Johanna mich und Nora zum Kuchen ein, und so lernten alle sich kennen. Es war eine freundliche, helle, heitere Begegnung. Die Kinder mochten sich auf Anhieb. Nora fand Johanna hübsch und nett, so wie sie Hamburg *interessant* fand – es war ihr im Grunde egal, dass und in wen ich mich verliebt hatte, Hauptsache wir beide hatten es schön.

Johanna und ich atmeten auf. Es hätte ja leicht anders kommen können: dass die Kinder sich nicht verstehen, dass ihre Kinder mich ablehnen und Nora sie. Wir planten nun eine gemeinsame Ferienreise, die uns nach Australien führen sollte. Diese Reise mit Kind und Kegel, also mit eigenen und fremden Kindern und Kegeln, schmiedete uns zu einer Art Familie zusammen, zu einer Ferien- und Freizeitfamilie – mehr strebten Johanna und ich nicht an. Zusammenziehen und dann zu fünft in einer Wohnung zu leben war uns zu riskant, es barg zu viele Anlässe für Schwierigkeiten, während wir andererseits in der Gründung einer Flickenfamilie keine Vorteile sahen. Doch das waren ohnehin nur theoretische Überlegungen, denn Nora wohnte ja noch in Basel.

Es brach mir jedes Mal das Herz, wenn sie sich beim Abschied auf dem Hamburger Flughafen mit Tränen in den Augen noch einmal zu mir umdrehte und tapfer winkte. Danach fuhr ich allein in meine Wohnung, sah, dass im Waschbecken ein lilafarbenes Haarband von ihr lag, und weinte.

So gern ich sie bei mir gehabt hätte: Wir sprachen nie über die Möglichkeit, dass sie zu mir zog. Nora liebte ihre Mutter und Alex, sie wollte nicht vor eine schmerzliche Entscheidung gestellt werden. Aber ihre Gefühle veränderten sich mit den Umständen. Wenn sie nach einem Besuch bei mir wieder in Basel war und die langen Wochen bis zum nächsten Wiedersehen vor ihr lagen, genügte die kleinste Auseinandersetzung mit ihrer Mutter, um ihren Wunsch, bei mir zu leben, größer werden zu lassen als ihre Angst davor, ihre Lieben zu verlassen. Als sie dreizehn wurde, nahmen naturgemäß ihre Querelen mit der Mutter zu. Bea beklagte sich in Mails bei mir, dass sie die täglichen Schwierigkeiten mit einer Pubertierenden zu bewältigen habe und in Noras Augen deshalb als Elternteil unattraktiver werde, während in den Ferien in Hamburg für Nora alles neu und aufregend sei und ich es mir leisten könne, beide Augen zuzudrücken, wenn sie Schwierigkeiten mache. Tatsächlich war dies für Bea eine Situation, in der sie nur verlieren konnte. Ich versicherte ihr, Nora nicht nach Hamburg locken zu wollen. Bei ihrem nächsten Ferienbesuch, als wir bei einem Italiener an der Kennedybrücke Pilzpizza aßen, sprach Nora es zum ersten Mal aus: Sie wolle zu mir ziehen. Sie begründete es damit, die Pizzas seien hier einfach besser. Ich versuchte nicht, es ihr auszureden.

Es begannen die Verhandlungen mit Bea über die *endgültige Teilung der Familie*, wie sie es nannte. Doch sie willigte ein. Ich glaube nicht, dass sie dies getan hätte, wenn Nora und mir nicht ein Glücksfall zu Hilfe gekommen wäre: Nora bestand nämlich das Probesemester im Gymnasium in Basel nicht. Bea war es wichtig, dass Nora das Abitur machte. Noras Leistungen, schrieb sie mir, seien natürlich auch aufgrund der *familiären Situation* so schlecht gewesen. Damit hatte sie sicher recht, und ich beeilte mich, Bea eine gute Schule in Hamburg zu präsentieren, die Lichtenberg-Schule. Da der Lehrplan deutscher Gymnasien weniger straff ist als der schweizerischer, konnte Bea in Noras Wegzug trotzdem etwas Gutes sehen: In Deutschland würde Nora das Gymnasium schaffen.

Ich mietete eine größere Wohnung, kaufte eine Saftpresse, damit das Kind Vitamine bekam, und dann fuhr ich zum Flughafen, und die Milchglastür öffnete sich, und heraus kam Nora mit ihrem roten Koffer.

Von nun an aßen Johanna, der kleine Max und Tobias immer dienstagabends bei uns, jeden Montag aßen wir bei ihnen. Wir nannten sie *die Anderen*. Diese Essen war ungezwungen in dem Sinn, dass wir nicht Familie sein wollten. Nora und ich waren wir zwei, und sie waren eben die Anderen. Wenn Grübchen, wie Max genannt wurde, frech war, wies Johanna ihn zurecht, und wenn Nora beim Tischabräumen nur so tat also ob, wies ich sie zurecht. Außer bei den gemeinsamen Essen trafen wir uns bei Geburtstagen, zu Ostern und Weihnachten, wobei diese Feierlichkeiten immer doppelt stattfanden: Zuerst feierten wir fünf, danach feierten Grübchen und Tobias dasselbe Fest noch mal mit ihrem Vater Rolf, und Nora flog nach Basel und feierte noch mal mit Bea und Alex. Die Ferien wurden gehälftelt: Eine Hälfte verbrachten wir fünf in Spanien, in Schottland, in Australien, die andere Hälfte verbrachten Grübchen und Tobias mit ihrem Vater noch mal irgendwo, und Nora flog nach Basel und wanderte mit Bea und Alex im Valle di Maggia.

In den ersten zwei Jahren verstanden Tobias und Nora sich bestens. Danach entwickelten sie sich auf verschiedenen Planeten weiter. Bei den gemeinsamen Abendessen hatten sie, da sie ja dieselbe Schule besuchten, immerhin ein wenig Gesprächsstoff (Lehrer, und wer mit wem was hatte), der ihnen aber nach fünf Minuten ausging. Nun schwiegen sie und schauten Johanna und mich mit großen Augen an. Zu Geburtstagen beschenkten Nora und Tobias sich mit Büchern und Gutscheinen, zu Weihnachten sangen sie gemeinsam, zu Ostern suchten sie im selben Garten Eier, in den Ferien lagen sie nebeneinander am Meer, und wenn sie überraschenderweise ein Wort miteinander wechselten, schauten Johanna und ich uns hoffnungsvoll an.

So war das.

Dann zog Nora mit einer Freundin zu einer anderen Freundin, die in einer Wohnung mit Parkblick lebte, die ihrem Vater gehörte, und sie gründeten ein Jahr vor dem Abitur eine WG und waren in der Wohnung glücklich und für Mädchen erstaunlich unordentlich. Und im Winter erzählte mir Nora von der Abifeier und den großen Tischen und dass man dem Organisationskomitee schon bald mitteilen müsse, mit wem man am Fest zusammen am Tisch sitze, und ich sagte: »Na mit wem wohl?«

Für mich gab es eine natürliche Tischordnung. Johanna, die Kinder und ich waren zwar keine Familie, wir lebten aber doch in einer familienähnlichen

Konstellation. Grübchen nannte mich manchmal versehentlich Papa, und als in der Schule einmal das Gerücht entstand, Tobias und Nora seien ein Paar, sagte Nora zu jenen, die das glaubten: »Ihr spinnt, Leute, Tobias ist für mich wie ein Bruder.« Ich hielt es deshalb für selbstverständlich, dass wir fünf an diesem für Tobias und Nora so bedeutenden Fest am selben Tisch sitzen würden. Wir waren das, was sich nach dem Zerbrechen zweier Familien zu etwas Neuem zusammengeschlossen hatte. Es schien mir richtig zu sein, dass sich Johannas Ex-Mann Rolf, Bea und Alex um dieses Neue herum versammelten als Angehörige der beiden Kernzellen, aus denen dieses Neue entstanden war. Ich sah dabei die Gesteinsbrocken, die um Saturn ihre Bahnen ziehen. Ich sah uns fünf an dem Tisch sitzen und die anderen drei, böse gesagt die *Trümmer* der zwei früheren Familien, im Orbit um uns herum kreisen.

Auch für Nora war dies die natürliche Tischordnung. »Man gehört ja irgendwie zusammen«, sagte sie an jenem Abend, an dem sie mir von der geplanten Abifeier erzählte. Mir gefiel, dass Nora dieses *irgendwie Zusammengehören* über ihre persönlichen Wünsche stellte. Sie hätte natürlich am liebsten mit ihrer Mutter, ihrem Bruder, mit mir und ihrem Freund Lukas am Tisch gesessen, der auch an der Schule Abitur machte. Aber sie nahm Rücksicht auf das Irgendwie. Sie konnte offenbar auch gut die neue Irgendwie-Familie mit ihrer wahren Familie als Gesamtheit sehen, ohne dass das eine dem anderen entgegenstand. Man könnte allerdings auch sagen: Sie hatte gar keine andere Wahl gehabt, als sich nach der Scheidung mit den veränderten Umständen zu arrangieren. Die Alternative dazu wäre der anstrengende Weg gewesen, für den Alex sich entschieden hatte.

Nora und ich waren uns also einig darüber, dass unser Tisch bei der Abifeier eine Vereinigung von Vergangenem und Neuem, von Irgendwie und wahrer Verwandtschaft, von Bekannten und Fremden sein sollte.

Einige Tage nachdem Nora mir von der Abifeier erzählt hatte, saßen Johanna und ich an einem Dienstagabend in einer Bar in Hafennähe, die Leute brachten Meergeruch hinein und frische Kälte, zusätzlich zu der alten – aber das erlaubte es Johanna, ihren schönen Wollmantel, den sie sehr liebte, auch beim Weintrinken anzubehalten. Der Dienstagabend war zu *unserem* Abend geworden, seit Grübchen am Dienstag bei seinem Vater übernachtete. Unsere gemeinsamen dienstäglichen Essen zu fünft waren infolgedessen seltener geworden, vor Kurzem hatten sie ganz aufgehört. Denn alle fanden, ohne Grübchen sei es nicht dasselbe, und außerdem waren die Dienstagabende für Tobias schon lange nicht mehr ideal gewesen, da er vom Klavierunterricht immer nur mit Stress rechtzeitig zu Hause zum Essen eintraf, und Nora stemmte seit einigen Wochen dienstags Gewichte in einem Fitnessklub und stand ebenfalls unter Zeitdruck, rechtzeitig zum Essen da zu sein. Wahrscheinlich wäre der Dienstag also auch ohne Grübchens Vaterbesuche gestorben.

Johanna und ich tranken also Wein in dieser Bar, in der unterschiedliche Formen der Kälte herrschten, und sprachen über die Abifeier und wie schön es war, dass unsere Kinder im selben Jahr an derselben Schule das Abitur machten. Es war schön, aber kein Zufall, denn als ich damals für Nora ein Gymnasium in Hamburg suchte, empfahl Johanna mir die Lichtenberg-Schule, die sie ja, weil Tobias dort war, bestens kannte.

Ja, und dann kam die Rede auf die Tischordnung, denn der Termin, an dem man dem Organisationskomitee mitteilen musste, mit wem man zusammensitzen wollte, rückte näher.

Ich sagte zu Johanna, dass Nora und ich natürlich mit ihr und den Ihren am Tisch sitzen möchten.

»Hast du denn mit deiner Ex-Frau schon darüber gesprochen?«, fragte Johanna.

Nein, noch nicht. Bea gehe aber bestimmt davon aus, sagte ich, dass es an dem Fest zur ersten Begegnung mit ihr, Johanna, kommen werde. Bea sei aber in solchen Dingen unkompliziert.

»Was heißt das?«, fragte Johanna.

Ich sagte, das heiße, dass Bea ein unkomplizierter Mensch sei, wenn es um Gefühle gehe. Sie sei nicht in erster Linie ein emotionaler Mensch.

»Ich kenne keinen einzigen unemotionalen Menschen«, sagte Johanna.

Ich wiederholte, Bea sei es nur in erster Linie nicht. Es werde ihr jedenfalls nichts ausmachen, mit ihr, Johanna, am selben Tisch zu sitzen, da sei ich mir ganz sicher.

»Sie wird es nicht wollen«, sagte Johanna.

»Du kennst sie nicht«, sagte ich.

Bestimmt fand Bea die Aussicht, einen Abend mit Johanna zu verbringen, nicht wundervoll. Aber ich war sicher, dass sie, seit Nora ihr von der Abifeier erzählt hatte, davon ausging, dass ich mit Johanna an einem Tisch sitzen würde und sie folglich auch. So wie ich Bea kannte, hatte sie die Verhältnisse, mit denen sie an der Feier konfrontiert werden würde, bereits akzeptiert. Sie hatte sich entschieden, zu der Abifeier nach Hamburg zu kommen, und das bedeutete, sie nahm Johanna in Kauf.

»Ja, so denkst du, mein Lieber«, sagte Johanna. »Aber ich bin sicher, sie empfindet es anders. Sie möchte bei ihrer Tochter sein und mit ihr dieses Fest feiern. Sie möchte aber nicht deswegen mit mir am selben Tisch sitzen müssen.«

Ich sagte, das sei schon möglich, aber Bea könne mit Unvermeidlichem gut umgehen, das sei sogar eine Stärke von ihr.

»Etwas anderes wäre es natürlich«, sagte ich, »wenn du es nicht möchtest?«

Johanna sagte, darum gehe es nicht. Sie habe keine Schwierigkeiten damit, Bea kennenzulernen. Im Gegenteil, sie sei neugierig auf sie. Aber wenn sie Bea wäre, würde ihr das umgekehrt möglicherweise nicht so gehen. Es sei für die neue Frau eines Mannes immer viel leichter, seine ehemalige Frau kennenzulernen, als umgekehrt. Und dann sei ja da auch noch Alex.

»Er will bestimmt nicht mit mir am selben Tisch sitzen«, sagte sie.

Alex liebte Nora. Aber nun lebte sie bei mir, und das Letzte, das ich von ihm hörte oder besser las, war der Satz *Jetzt hast du mir auch noch meine Schwester genommen.* An dem Tag, an dem Nora zu mir zog, brach er den Kontakt zu mir vollständig ab. Früher hatte er alle paar Monate auf eine meiner Mails kurz geantwortet. Nun kam keine Antwort mehr. Früher war er manchmal, wenn ich ihn anrief, rangegangen, durchschnittlich bei zehn Anrufen ein Mal. Jetzt hörte ich nur noch seine Mailbox. Ich hinterließ ihm Nachrichten, er reagierte nie. Ich schickte ihm Postkarten, bat ihn, mich in Basel zu treffen. Ich schickte ihm Tickets für eine Velázquez-Ausstellung in Hamburg, da er sich für Malerei interessierte. Ich will damit nicht den Eindruck erwecken, dass ich mich unermüdlich um ihn bemühte. Im Gegenteil habe ich viel zu wenig getan. Es ist leicht, eine Postkarte zu schicken oder Tickets zu kaufen oder auf einen Anrufbeantworter zu sprechen. Die Wahrheit ist, dass ich ihn manchmal aufgab, manchmal tagelang nicht an ihn dachte. Häufig träumte ich von ihm, darüber war ich froh. Denn der Schmerz, den ich im Traum jeweils empfand, war tief und wahrhaftig und beantwortete meine bange Frage, ob ich Alex überhaupt noch liebte.

Beas Vermittlungsversuche, die ich – wie es nicht anders sein konnte – als halbherzig empfand, bewirkten nichts. Einmal schrieb sie mir, Alex lasse mir ausrichten, dass er sehr gut ohne mich zurechtkomme. Sie fügte hinzu, es sei wohl so, dass Kinder im Grunde nur einen Elternteil bräuchten, man dürfe die Bedeutung *dualer Elternschaft* nicht überschätzen. Wenn ein Kind Liebe und Verständnis bei einem Elternteil finde, genüge ihm das. Ich schrieb zurück: »Vielen Dank!!!«

Ich bat Nora, doch nächstes Mal, wenn sie in Basel war, Alex einmal darauf hinzuweisen, dass seine biblische Unerbittlichkeit auch für sie belastend sei. Sie berichtete mir nach ihrer Rückkehr nach Hamburg, sie habe ihm gesagt, dass sie seine Haltung mir gegenüber immer weniger verstehe und sich eingeklemmt fühle zwischen ihm und mir. Alex habe, wie immer, wenn die Rede auf mich kam, *Themenwechsel!* gesagt. Diesmal habe sie aber nicht lockergelassen und ihm gesagt, dass sie gern einen gemeinsamen Vater mit ihm hätte, und nicht einen, den sie vor ihm verbergen müsse. Alex habe geantwortet, es gebe manchmal Monate, in denen er kein einziges Mal an mich denke, nicht aus Groll nicht – denn dann würde er täglich an mich denken –, sondern weil ich in seinem Leben einfach keine Rolle mehr spiele.

Ich schrieb ihm eine lange Mail, in der ich ihm meine wiederkehrenden Träume schilderte, in denen wir uns begegneten und miteinander sprachen, doch jedes Mal nahmen die Träume dieselbe Wendung, nämlich begriff ich, dass es nicht stimmte, dass er nicht mit mir sprach, und das löste diesen tiefen Schmerz aus. Ich rechnete nicht mit einer Antwort auf die Mail, aber er schrieb mir tatsächlich – nur einen einzigen Satz, in dem das Wort *kitschig* vorkam.

Aber nun klärte sich ja der Himmel! Alex kam zu der Feier, das hatte er Nora versprochen. Ich sagte zu

Johanna, es werde für Alex ein schwieriger Abend werden, ganz gewiss, und auch für mich. Aber das betreffe nur uns zwei und habe nichts mit ihr zu tun: »Es wäre für Alex auch nicht leichter, wenn du nicht am selben Tisch sitzen würdest.« Das Schwierigste sei für ihn unser Wiedersehen nach so vielen Jahren ohne Kontakt.

Johanna sagte, darum gehe es ja. Die Abifeier sei nicht dazu da, um solche Probleme zu klären. Es gehe hier um Tobias und Nora und ihr Abitur und um nichts anderes. Das stehe bei der Feier im Zentrum und nicht die Situation zwischen mir und Alex. Es komme sowieso schon viel zusammen an diesem Abend: Meine Ex-Frau werde zum ersten Mal ihr begegnen, und auch wenn Bea natürlich nicht sie für die Trennung verantwortlich mache, werde es für sie unangenehm sein, der neuen Frau des Mannes, der sie verlassen hat, die Hand zu schütteln. Ferner werde mein Sohn mich zum ersten Mal seit fünf Jahren wiedersehen, und dann auch gleich die neue Frau seines Vaters und deren Kinder kennenlernen. Alex habe doch ohnehin schon Mühe, die Situation zu akzeptieren; wenn er es dann mit eigenen Augen sehe, werde es ihm noch falscher vorkommen. Falsch, dass ich mit der fremden Frau zusammen sei anstatt mit seiner Mutter, falsch, dass ich ihn verlassen habe, um jetzt mit diesen fremden Kindern Zeit zu verbringen, und falsch, dass seine Schwester jetzt hier lebe und nicht mehr mit ihm. Es sei für Alex schon schwer genug, dies alles zu *wissen,* er wolle es bestimmt nicht auch noch *sehen!* Vor allem nicht einen ganzen Abend lang.

»Sich einmal kurz Hallo sagen ist ja okay«, sagte Johanna. »Aber am selben Tisch sitzen: Dazu sind einfach zu viele Gefühle im Spiel, die nicht an diese Feier gehören. Und Rolf kommt ja auch. Er würde ja dann auch noch mit am Tisch sitzen.«

Rolf und ich kannten uns nicht, Johanna war es lieber so. Dennoch kannte ich ihn ein wenig aus ihren Erzählungen. Ich hatte ein Bild von ihm, das unmöglich stimmen konnte. Sie konnte doch nicht mit einem solchen Mann achtzehn Jahre lang zusammen gewesen sein! Er war beruflich sehr erfolgreich, besaß zwei Firmen, die irgendwelche winzigen, aber lukrativen Teile für Computerplatinen herstellten. Aufgrund der Schilderungen Johannas konnte ich ihn mir allerdings nicht mit einer fragilen Platine in der Hand vorstellen, ohne sie in tausend Stücke zerbrechen zu sehen. Johanna zeichnete Rolf als Mann von kleiner Gestalt, der es aber schaffte, selbst auf ein eins neunzig großes Gegenüber herabzuschauen. Ein vor Energie berstender emotionaler Grobian, dessen Welt aus den drei Buchstaben I, C und H bestand, der aber andererseits *ungeheuer charmant* sein konnte. Ein sprunghafter, unzuverlässiger, außerordentlich kluger Alleinunterhalter mit einem umwerfenden Lächeln – *und, wenn er will, mit einer großen Seele,* das habe ich noch vergessen. Was die Kinder betraf, so verwöhnte er sie so gut er konnte, überhäufte sie mit Spielsachen und Elektronischem, ließ sie aber in entscheidenden Momenten im Stich. Er versprach, mit ihnen zum Skifahren nach Lech am Arlberg zu fahren, aber zwei Tage vor der geplanten Abfahrt rief er an und entschuldigte sich, er müsse geschäftlich nach Shenzhen fliegen. Bei der, nennen wir es gemeinsamen Verwaltung der Kinder, also in Fragen der Schule, der Sportkurse und dergleichen, verhielt er sich obstruktiv. Johanna erzählte mir dann jeweils ausführlich von solchen Vorgängen, vergaß aber nie zu erwähnen, dass sie sich *zum Glück* trotz allem immer noch mochten.

So viel Ambivalenz machte mich neugierig auf Rolf. Aber im Grunde war es eine theoretische Neugier. Ich wollte ihn kennenlernen und auch wieder nicht. Mir war unbehaglich beim Gedanken, dass Johanna Rolf und mich nebeneinanderstehen sah. Vor allem dieses Nebeneinanderstehen machte mir Sorgen, ich wusste gar nicht recht, warum. Aber die Tischordnung, um die es hier ging, war ohnehin keine behagliche, für niemanden, da musste eben jeder das für ihn Unangenehmste auf sich nehmen. Denn nach wie vor hielt ich diese Tischordnung für die einzig plausible.

An jenem Dienstagabend in der Bar beendete Johanna das Gespräch darüber mit einem Kuss: »Ich schlage vor, wir vertagen uns und lassen das Thema erst mal ein bisschen sacken.«

Ich sagte, ich müsse es nicht sacken lassen. Ich wolle mit ihr am Tisch sitzen, alles andere würde mir merkwürdig vorkommen.

Sie küsste mich noch einmal, zog ihren Mantel enger um sich und sprach über die Dekoration der Bar, Champagnerkorken, die an dünnen Fäden von der Decke hingen, sodass groß gewachsene Besucher den Kopf einziehen mussten, wenn sie vom Barhocker aufstanden.

Die neue Tischordnung

Zwei Wochen später erledigten Johanna und ich in ihrer Wohnung administrative Arbeiten, es war unser *Papierkram-Tag*. Wir öffneten beide unsere Post nicht gern, ließen Rechnungen, Mahnungen und dergleichen wochenlang liegen und hatten deshalb diesen Tag ins Leben gerufen, an dem wir gemeinsam je unsere eigene Post erledigten. In Quito, der Hauptstadt Ecuadors, hatte ich vor Jahren einmal eine Frau gesehen, der ein fliegender Zahnarzt auf dem Marktplatz einen Backenzahn zog, aus Kostengründen ohne Betäubung. Jedoch war die Frau umgeben von ihrem Mann und ihren Schwestern, die während der Behandlung ihre Hand drückten (ihr Mann hielt von hinten ihren Kopf zwischen seinen Händen). Bei etwas Unangenehmem nicht allein zu sein war auch der Gedanke hinter unserem Papierkram-Tag.

Als alles erledigt war, sagte ich, Nora habe mir gestern erzählt, die Organisatoren der Abifeier hätten eine Mail an jene verschickt, die ihnen immer noch nicht mitgeteilt hätten, mit wem sie am Tisch sitzen wollten. Ich sagte, jetzt sei der richtige Moment, um auch gleich das noch endlich zu erledigen und uns auf die Tischordnung zu einigen, die unseren Lebensumständen entspreche: »Du, ich, unsere Ex-Partner und alle unsere Kinder.«

Johanna sagte, ja, sie kenne diese Mail, Tobias habe auch eine bekommen. Es sei so: Sie finde, dass es bei dem Fest um die Kinder gehe. Die Kinder sollten entscheiden dürfen, mit wem sie am Tisch sitzen wollten.

»Ja, und Nora hat sich ja entschieden«, sagte ich.

Das freue sie, sagte Johanna. Aber Tobias wolle lieber mit seinem Freund David zusammensitzen. Er habe ihr das gestern mitgeteilt, und es sei ihm nicht leichtgefallen. »Er möchte nicht, dass ihr denkt, dass das etwas mit euch zu tun hat. Aber David ist sein bester Freund, er kennt ihn schon seit der Grundschule, und es war für Tobias eigentlich von Anfang an klar, dass er am liebsten mit David und seinen Eltern an einem Tisch sitzen würde. Er hat sich nur nicht getraut, es zu sagen.« Sie selbst halte es auch für besser, an zwei verschiedenen Tischen zu sitzen: »So gern ich an diesem Abend neben dir sitzen würde. Aber es würde alles unnötig verkomplizieren.«

Mit David! Ich kannte ihn nicht persönlich, hatte ihn ein paarmal mit Tobias im Foyer der Schule gesehen, ich wusste, sie waren dicke Freunde. Es war verständlich, dass Tobias lieber mit ihm ... aber war es auch richtig?

Johanna sagte, es tue ihr ja auch leid und Tobias auch, und sie sei auch nicht besonders glücklich bei der Vorstellung, mit Davids etwas wortkargen Eltern am Tisch sitzen zu müssen.

Aber es war jetzt so.

Im ersten Moment dachte ich, dass das Band des *irgendwie Zusammengehörens* möglicherweise dünner war als vermutet und riss, sobald es einmal darauf ankam. Doch das stimmte nicht. Johanna und Tobias waren nur realistischer als Nora und ich, und jetzt konnte ich mir auch eingestehen, dass ich erleichtert war. Ja, ich hielt zwei Tische auch für besser. Denn sowenig mir der Gedanke behagte, neben Rolf vor Johanna zu stehen, sowenig gefiel es mir, dass Johanna einen Abend lang neben Bea saß. Sie und Johanna waren völlig verschieden, in jeder Hinsicht, und ich befürchtete, Johanna könnte eventuell nicht verstehen, warum ich Bea geliebt und mich mit ihr viele Jahre lang sehr wohlgefühlt hatte. Warum ich mit einer Frau, die so anders war als sie, glücklich gewesen war. Dank der getrennten Tische würde mir zudem die Begegnung mit Rolf erspart bleiben. Ich wollte ihn kennenlernen, keine Frage. Aber nicht bei einem solchen Anlass. Ich wollte ihn *irgendwo* kennenlernen, jedoch nicht auf der Abiturfeier meiner Tochter. Ich hätte ihn gern zufällig kennengelernt und ohne Johanna. Ich hätte gern bei einer Lage Bier mit Rolf über Johannas Eigenarten gesprochen. Aber Rolf in ihrer Gegenwart zu begegnen wäre mir vorgekommen, als spiele sich das Treffen in einem Boxring ab, während in den Hinterzimmern Wetten abgeschlossen wurden.

Nach dem Gespräch über die neue, jetzt endgültige Tischordnung schlug Johanna vor, am nächsten Dienstag wieder einmal gemeinsam zu essen, zu fünft. Um die kleinen Wunden zu schließen, sagte sie. Und sie hatte recht: Obwohl ich erleichtert war, gab es da eine kleine Wunde.

Nora und ich trafen uns in einer Eisdiele, in der Frauen andächtig die Eismassen aus großen Kelchen löffelten, sie sahen dabei aus, als würde ihnen gerade der Nacken massiert. Draußen wirbelten winzige Schneeflocken herum. Nora erzählte, Lukas habe den Wunsch geäußert, nach dem Abi mit ihr zusammenzuziehen. Er wolle von zu Hause ausziehen, sein Vater sei bereit, die Miete für eine Zweizimmer-Wohnung zu übernehmen.

»Und?«, fragte ich.

Sie sagte, sie wisse nicht recht. Oder doch: eher nein.

Ich fand es schade, ich mochte Lukas, er war klug und reifer als viele seines Alters, heiter und gleichzeitig ernst, und er las freiwillig Rilke, was wollte man mehr. Nora sagte, sie sei noch zu jung, sie wolle nicht schon jetzt wie ein Ehepaar leben, in einer kleinen Wohnung mit einem Mann und Gummibaum. Sie habe es Lukas schon gesagt, er habe ein paar Tage geschmollt, jetzt akzeptiere er es aber.

»Ihr habt es aber noch gut miteinander?«, fragte ich.

»Doch«, sagte sie. »Er ist toll. Er macht keine Selfies, er kifft nicht, und er isst Fleisch.«

Wir unterhielten uns über anderes, und nie war der Moment günstig, es Nora zu sagen: dass Tobias lieber mit David an einem Tisch sitzen wollte als mit uns. Erst später, als ich sie nach Hause fuhr, sagte ich *übrigens* und erzählte es ihr. Sie fragte mich, wieso ich ihr das denn erst jetzt sage. Ob Johanna denn damit einverstanden sei? Ich sagte, ja, sie sei der Meinung, dass es »eure Feier ist, ihr könntet bestimmen, mit wem ihr am Tisch sitzen wollt.«

»Und du?«, fragte Nora. »Hast du auch eine Meinung?«

Ich drückte mich um eine klare Antwort herum, sagte *einerseits,* dann sagte ich *andererseits.* Ich wollte mich nicht von Tobias distanzieren, aber auch kein zu großes Verständnis für ihn zeigen. Mit anderen Worten: Ich war feige. Ich ließ nur anklingen, dass ich es auch für ein wenig besser hielt, nicht am selben Tisch zu sitzen, wegen Bea und Alex, es sei halt schwierig. Nora sagte, sie finde das jetzt alles komplett merkwürdig, und außerdem habe sie den Organisatoren bereits mitgeteilt, dass wir alle am selben Tisch sitzen werden.

»Das war aber ziemlich voreilig!«, sagte ich.

Sie sagte, sie habe nicht gedacht, dass es da so viel zu beschließen gebe. Wir hätten doch darüber gesprochen, es sei doch für uns beide klar gewesen, ob ich mich nicht mehr erinnere.

Nora redete, und plötzlich hörte ich nicht mehr, was sie sagte, sondern nur noch, wie sie es sagte. In ihrem Ton schwang eine Sehnsucht mit, die mich beschämte. Ich glaube, sie hatte sich gewünscht, ihre wahre Familie, ihre Mutter, ihren

Bruder und mich, und die *Anderen* an diesem Tisch zu vereinen, um die Widersprüche zu glätten und die Gräben zuzuschütten. Vielleicht auch, um sich zu vergewissern, dass so etwas gut gehen konnte: eine Scheidung der Eltern, danach ein Wegzug von Mutter und Bruder in eine ferne Stadt, dort das Hineinwachsen in eine familienähnliche Gruppe, deren Mitglieder irgendwie zusammengehörten. Sie hatte möglicherweise zwei Welten zusammenbringen wollen an dieser Abifeier, für sich selbst, um den Spagat zu beenden, den sie zwischen Basel und Hamburg hinlegte, zwischen mir und Johanna und Bea und Alex.

Doch mit seinem Kind spricht man nicht über solche Dinge, und so hörte ich Nora zu und schwieg und hörte in ihrer Stimme diese Sehnsucht, und dann erreichten wir auch schon das Haus, in dem sie wohnte, und ich schaltete den Motor aus. Sie sagte, sie müsse jetzt gehen, und ich sah sie allein über den mit Schneeflaum bedeckten Gehsteig gehen, eine Spur aus kleinen Schritten hinterlassend.

Am nächsten Tag rief ich sie an, lud ich sie zu dem Abendessen am nächsten Dienstag ein. Sie nahm die Einladung ohne Jubel an. Dann ging es um den neuen Tisch. Wir waren ja jetzt tischlos, die Frage war also, an welchem anderen Tisch kommen wir unter? Wer nimmt uns auf? Es gab keine kleinen Tische für Kernfamilien, es mussten mindestens acht Tischgenossen zusammenkommen, maximal zwölf.

»Ich frage mal Lukas«, sagte Nora.

Das war naheliegend. Ich rechnete zusammen: Nora und ich, Bea und Alex waren vier. Lukas und seine Eltern drei. Da Lukas ein enges Verhältnis zu seinen Großeltern hatte, würden die bestimmt auch kommen, machte total neun. In dieser Kombination erreichten wir Sollstärke.

Ich bat sie, Lukas heute noch zu fragen. Ich wollte endlich Klarheit darüber haben, wo ich sitzen würde.

»Ja, keine Panik, ich frage ihn«, sagte Nora.

Stunden später kam die Nachricht: Lukas und seine Eltern waren einverstanden, und die Großeltern kamen auch. Ich fragte Nora, ob sie sich denn nicht freue. Sie sitze doch bestimmt gern mit Lukas an einem Tisch.

»Alles okay«, sagte sie.

Lukas' Großeltern kannte ich nicht, aber Nora mochte sie, sie seien sehr nett und umgänglich. Lukas' Eltern hatte ich zweimal bei Kaffee und Kuchen erlebt. Vor seiner Mutter hatte ich Respekt. Sie erinnerte mich an ein Frachtschiff, das bei Nebel in den Hafen einläuft und dabei ganz langsam an der Quaimauer entlangschrammt. Der Vater arbeitete bei einem Sicherheitsdienst in Nachtschicht, nach eigenem Bekunden, damit seine Familie tagsüber vor ihm Ruhe hatte. Beide waren handfeste, warmherzige Menschen mit Humor; ich sah in der Kombination mit Bea und Alex keine Probleme.

Am vereinbarten Dienstagabend saßen wir *Irgendwies* seit Langem wieder einmal zu fünft bei mir am großen Esstisch, den ich festlicher als sonst gedeckt hatte. Die Stimmung war aber von Anfang an prekär. Grübchen war angriffslustig, weil er hier sein musste und nicht bei seinem Vater vor dem Fernseher Minipizzas essen durfte. Tobias, sonst ein leidenschaftlicher Fleischesser, stocherte mit spitzer Gabel im Gulasch, und Nora hielt sich nicht an das Versprechen, das sie mir gegeben hatte, nicht von der Abifeier zu sprechen.

Sie sagte mit vollem Mund, jetzt daure es tatsächlich nur noch vier Monate, dann hätten sie endlich das Abi geschafft, und danach werde gefeiert, ach ja, und worüber sie sich noch gewundert habe: »Tobias, warum willst du eigentlich mit David und nicht mit Sherin zusammensitzen?«

Nora kannte die Antwort sehr wohl, wie wir alle. Die Frage war also ein Nadelstich.

Nora und Lukas, Tobias und Sherin: zwei Paare, für die es die erste ernsthafte Liebe war, die, da alle vier die Lichtenberg-Schule besuchten, auch eine quasi öffentliche Seite hatte. Die Vorbehalte von Sherins Onkel gegenüber ihrer Beziehung zu Tobias waren Schulgespräch. Sherins Eltern stammten aus Afghanistan, der Vater war kurz nach Sherins Geburt gestorben, seither sorgte ihre Mutter allein für sie und ihren Bruder, doch alle standen unter der Obhut des Onkels. Man rätselte, ob er grundsätzlich gegen jeden Freund von Sherin Einwände gehabt hätte oder nur gegen *einen Deutschen,* wie Lukas einmal vermutete. Ich wies ihn damals pflichtbewusst darauf hin, dass auch Sherin eine Deutsche sei, worauf Lukas antwortete: »Ja, und genau das passt ihrem Onkel nicht.« Von Tobias, der es am besten wusste, erfuhr ich zumindest nichts Genaueres, und falls Johanna etwas wusste, erzählte sie es mir nicht. Einmal hörte ich Tobias sagen: »Hm, ja, ihr Onkel ist ein bisschen *strange.*«

Er war also strange, warum auch immer, und deswegen erübrigte es sich zu fragen, weshalb Tobias nicht mit Sherin und ihrer Familie zusammensitzen wollte, und als Nora ihm die Frage nun trotzdem stellte, antwortete er mit einem Murmeln. Johanna sagte: »Ich hab übrigens gestern einen tollen Witz gehört. Einen Witz aus der Welt der Rockmusik. Wie kriegt man seinen Drummer auf zwei Promille? – Drei Tage keinen Alkohol!«

Einer, dem es noch schlechter geht

Eine Woche später besuchte ich Nora in ihrer Wohngemeinschaft. Sie schmierte uns in der kleinen Küche ein paar Brötchen. Ich versuchte, den Küchentisch abzuwischen, aber das Wasser bildete auf dem Plastikfurnier Perlen, die Schmutzschicht war säuberungsresistent. Wo ich in dieser Küche auch hinfasste, überall blieben meine Finger für einen kurzen Moment kleben. Nora und ihre zwei Wohnpartnerinnen liefen inmitten der staubigen Unordnung geföhnt und in fleckenloser Kleidung herum. Sie verfügten wie Katzen über die Fähigkeit, in einem Schmutzloch sauber zu bleiben.

Nora erzählte mir, sie habe gestern mit einem der Schüler gesprochen, die die Abifeier organisierten, mit Evren. Auf ihre Bitte, sie nun doch nicht mit Tobias und seiner Familie zu platzieren, sondern mit Lukas und dessen Eltern, beklagte Evren sich, es gebe *total viele Komplikationen* mit der Tischordnung. Zum Beispiel habe ein Vater ihn nun schon zum dritten Mal angemailt. Beim ersten Mal habe er wissen wollen, wer sonst noch an dem Tisch sitzen werde, von seiner Ex-Frau bekomme er keine Auskunft darüber. In der zweiten Mail habe er gefragt, ob es möglich sei, für ihn an zwei Tischen Plätze zu reservieren, einmal einen Platz und am anderen Tisch zwei Plätze für ihn uns seine neue Partnerin. Seine Ex-Frau weigere sich nämlich, mit seiner Partnerin am selben Tisch zu sitzen. Evren sagte, nachdem man das mit Mühe und Not hingekriegt habe, habe der Betreffende erneut gemailt: Seine Partnerin komme jetzt doch nicht zur Abifeier, er brauche jetzt also doch nur einen Platz, aber bitte nicht direkt neben seiner Ex-Frau. Evren bereute es inzwischen, die Aufgabe der Tischplatzierung übernommen zu haben.

Wir aßen die Brötchen, und Nora berichtete mir von weiteren komplizierten Vorgängen. Ich erfuhr, dass Sherin, ihre Mutter und ihr Onkel zusammen mit Cristina, der besten Freundin Noras, und deren Mutter und Großeltern an einem Tisch sitzen würden und dass diese Kombination aus der Not geboren worden war. Dies hatte nichts mit Sherins Familie zu tun, sondern mit dem an der Schule legendären Hass von Cristinas Mutter Jadwiga auf ihren Ex-Ehemann Olaf. Dieser hatte sie nach zwölf Jahren Ehe für eine schöne libanesische Schauspielerin verlassen, die ich einmal bei einem Elternabend gesehen hatte: Sie war überirdisch. Ich verstand Cristinas Vater sofort. Jedoch konnte ich auch nachvollziehen, wie demütigend es für Cristinas Mutter sein musste, wegen einer Frau verlassen worden zu sein, deren Überlegenheit so offensichtlich war. Selbst Johanna, die Scheidungen, seien sie auch noch so begründet, als ein vermeidbares

Unglück empfand, das man nur nicht genügend zu verhindern versucht hatte, selbst sie also, die auch an ihrer eigenen, äußerst begründeten Scheidung von Rolf schwer trug, sprach, als sie die schöne Schauspielerin zum ersten Mal sah, von einer Frau, für die selbst Buddha ein Auge aufgemacht hätte.

Cristina lebte nach der Scheidung nun mit einer verbitterten Mutter, die mit ihrem Vater juristisch um jeden Wohnzimmersessel rang, und die Wochenenden verbrachte sie mit einem Vater, der vor Glück überlief und dessen neue Frau Cristina nicht etwa *um den Finger wickelte,* wie ihre Mutter ihr vorwarf: »Sie ist einfach nur total nett«, sagte Cristina. Auf der Abifeier hätte Cristina natürlich gern mit ihrer Mutter und ihrem Vater am Tisch gesessen. Aber dieses kleine, bisher so selbstverständliche *und* war zum unerfüllbaren Wunsch geworden. Ihre Mutter weigerte sich, mit dem Vater – egal ob mit oder ohne *die* – an einem Tisch zu sitzen, auch nicht der Tochter zuliebe: »Das kannst du nicht von mir verlangen!« Sie beharrte sogar darauf, dass *die* nicht an der Feier teilnahm: »Die gehört nicht zur Familie! Die hat bei deiner Abifeier nichts verloren!« Cristinas Vater versprach also, ohne seine neue Frau zu kommen, und Cristina brachte ihre Mutter in Verhandlungen, die sich über Wochen hinzogen, dazu, einem Kompromiss zuzustimmen, wonach Cristina die erste Hälfte des Abends mit ihr am Tisch saß und die zweite Hälfte dann am Tisch des Vaters verbringen würde. Als ihre Großeltern – es lebten nur noch die Eltern ihrer Mutter – davon erfuhren, forderten sie das Recht ein, sich auch eine Weile zu ihrem ehemaligen Schwiegersohn zu setzen, mit dem vor allem der Großvater sich bestens verstanden hatte, da beide das Angeln liebten. Den Wunsch ihrer Eltern empfand Cristinas Mutter als Verrat. Sie brauchte zwei Wochen, um mit ihren Eltern wieder ohne Groll reden zu können.

Dies alles zu erfahren war tröstlich, denn angesichts des Zerwürfnisses zwischen Jadwiga und Olaf wirkten unsere Probleme vergleichsweise harmlos: Es gibt glücklicherweise immer einen, dem es noch schlechter geht.

Das Wanken der neuen Tischordnung

Sechs Wochen vor der Abiturfeier schrieb ich meinem Sohn Alex in einer Mail, wie sehr ich mich darauf freute, ihn auf dem Fest zu sehen. Er schrieb mir zurück, ich solle mir nichts einbilden, er komme trotz mir und nur wegen Nora.

Ich erzählte dies Nora, und sie ächzte: »Mann, ist das kompliziert alles! Ich hab schon gar keine Lust mehr auf das Fest!« Ich nahm sie in den Arm, sagte, das werde ein tolles Fest, *ihr* Fest und das ihrer Freunde, nur das zähle. Ich machte einen Scherz über Lukas' Eltern, mit denen der Abend bestimmt zum unvergesslichen Erlebnis werden würde. Nora sagte: »Stell dir mal vor, wenn Lukas und ich uns jetzt trennen würden! Dann müssten wir uns wieder einen neuen Tisch suchen!«

Kurz darauf erzählte mir Johanna, Grübchen habe Rolf offenbar begeistert erzählt, dass ich mit ihm immer im Park Fußball spiele, mit dem neuen Ball. Deswegen sei Rolf jetzt verstimmt, denn er habe ja Grübchen zum Geburtstag diesen Ball geschenkt. Ich sagte, ich hätte ein einziges Mal mit Grübchen Fußball gespielt und nicht *immer*. Das wisse sie, sagte Johanna, und sie habe es Rolf auch gesagt, ebenso, dass er sich nicht wundern müsse, wenn Grübchen mit mir Fußball spiele – er habe ja noch nie mit ihm gespielt, er habe es ihm nur versprochen und dann aber wie immer keine Zeit gehabt. Daraufhin sei Rolf ausgerastet. Er habe damit gedroht, nicht zur Abifeier zu kommen, wenn ich auch da sei.

»Wir sitzen doch gar nicht zusammen am Tisch!«, sagte ich, und Johanna sagte: »Ich war so wütend, ich sagte, na gut, mir wäre es sowieso lieber, wenn du nicht kommen würdest.«

»Ich?«, fragte ich.

»Nein, er natürlich«, sagte sie, »wenn er nicht kommen würde.«

Dies war der Moment, ihr zu sagen, dass mir das eigentlich auch lieber gewesen wäre: kein Rolf, aber auch keine Bea und, ja, kein Alex. Dann hätten wir in der natürlichen Konstellation zusammensitzen können: Johanna, Tobias, Nora, Grübchen und ich und David und seine Eltern. Zu dieser natürlichen Konstellation hätten auch Sherin und ihr Onkel gehört. Wir hätten den Onkel einfach offiziell einladen sollen. Ich hätte zu ihm sagen sollen: »Lieber Herr Bakhtari, es ist, wie es ist, ob es uns passt oder nicht: Es gibt keine Familien mehr. Aber es gibt noch Konstellationen.« Lukas' Eltern hätte ich auch noch an unseren Tisch holen sollen. Wir hätten jetzt sogar einen Doppeltisch gebraucht!

So wäre es richtig gewesen.

»Ja, für dich, mein Schatz«, sagte Johanna. »Aber nicht für die Kinder.«

Vier Wochen vor der Abifeier ließ Rolf Johanna wissen, es sei ihm jetzt egal, ob ich auch da sei oder nicht, er komme trotzdem, Tobias zuliebe.

»Wie nett von ihm«, sagte ich, »dass er mich nun doch an der Abifeier meiner Tochter teilnehmen lässt!«

Drei Wochen vor der Feier rief ich Nora an und lud sie und Lukas zum Mittagessen bei mir ein. Sie sagte, sie komme gern, aber Lukas werde nicht kommen. Er kam sonst meistens mit. Ich fragte, warum diesmal nicht. Sie sagte, sie erzähle es mir beim Essen. Ich fragte sie, ob sie Streit hätten. Sie sagte, sie werde mir alles beim Essen erzählen.

»Es ist doch alles in Ordnung zwischen euch?«, fragte ich.

»Ich erzähl's dir beim Essen!«, sagte sie.

Sie klingelte an meiner Tür, ich öffnete, sie sagte Hallo und dann, bevor sie den Mantel abgelegt hatte, dass Lukas und sie sich getrennt hätten. Sie sich von ihm. Vor zwei Tagen. Es habe verschiedene Gründe. Sie nannte mir keinen davon. Sie sagte, sie wolle darüber lieber nicht reden.

Ich wusste nicht, was ich sagen sollte. Eine Trennung nach fast einem Jahr war in dem Alter kein Grund, Nora Flatterhaftigkeit zu unterstellen, mit einer Trennung innerhalb des nächsten Jahres hatte ich gerechnet – aber warum ausgerechnet jetzt? So kurz vor der Abifeier!

Nora sagte, ja, das sei jetzt natürlich blöd: »Aber eine Trennung plant man ja nicht.«

Nun hatten Nora und Lukas also ihre erste Liebe verloren, eine Liebe, die ich manchmal gespürt hatte, wenn die beiden in meiner Küche nebeneinanderstanden und mir in den Kochtopf schauten. Diese innige Verbundenheit, die sich in nichts Konkretem manifestierte, sondern einfach nur, indem sie nebeneinanderstanden, er in schwarzen Socken, sie in weißen.

Ja, aber abgesehen davon hatten wir jetzt wieder keinen Tisch auf der Abifeier! Bei wem sollten wir denn jetzt sitzen?

Nora bemühte sich in den folgenden Tagen um eine Umplatzierung an irgendeinen anderen Tisch. Doch so kurzfristig war nichts mehr zu machen. Nora vermutete, dass es schon möglich gewesen wäre, dass aber Evren keine Lust hatte, jetzt noch einmal die Tische umzuarrangieren. Offenbar hatten ihn auch noch andere Scheidungspaare mit plötzlichen Wünschen nach einer Änderung der Tischordnung behelligt. Nora zitierte Evren: »Für mich ist diese Erfahrung ein Grund, nie zu heiraten und das Kinderkriegen dem Prekariat zu überlassen.« Ich konnte bereits nicht mehr darüber lachen. Humor zu haben macht attraktiv, weil Humor von überschüssiger Kraft zeugt. Ich aber war erschöpft, diese Sache laugte mich aus. Ich wollte die Abifeier nur noch hinter mich bringen und danach nicht mehr daran denken. Eine Umplatzierung war nicht mehr möglich? Dann eben nicht, es war mir egal! Dann blieb es eben bei Lukas und den Seinen.

Nora war zunächst widerwillig, sie suchte eine Lösung ohne Lukas.

»Was sagt denn überhaupt Lukas dazu?«, fragte

ich, und sie antwortete: »Er findet es besser, wenn wir's so lassen.«

»Dann lassen wir es doch so!«

»Ich würde jetzt aber lieber mit Cristina an einem Tisch sitzen!«

»Und mit wem sitzen dann die Mutter und der Onkel von Sherin? Die sitzen doch jetzt mit Cristina und ihrer Mutter an einem Tisch. Die müssten sich ja dann auch einen neuen Tisch suchen!«

Nora sagte, Sherins Mutter habe sich doch schon umplatzieren lassen, an einen Tisch nur für sich und ihre Verwandten, die nun wider Erwartung doch extra für die Feier aus ganz Deutschland anreisen würden.

Und Cristina? Wo saßen die denn jetzt? Aber ich wollte es gar nicht wissen. Mir wurde die Sache zu anstrengend. Ich traf eine Entscheidung, aus Ermattung.

»Na, dann also mit Lukas, toll!«, sagte Nora.

Ich schrieb Bea eine Mail: »Wie du vielleicht weißt, werden du, Alex, Nora und ich trotz der Trennung von Nora und Lukas zusammen mit ihm und seiner Familie bei der Feier an einem Tisch sitzen. Es ist besser so.«

Bea schrieb zurück: »Ich habe beschlossen, dass es unter den gegebenen Umständen besser ist, wenn ich schon im Flugzeug Champagner trinke.«

Wie man sich kennenlernt

Drei Tage vor der Feier saßen Johanna und ich an einem lauen Sommerabend auf dem Balkon, schauten den anderen Leuten in die Wohnungen und tranken den Rotwein, den ich immer kaufte. Er kostete nur fünf Euro die Flasche, schmeckte aber so gut wie viel teurerer Wein – das gab mir das Gefühl, das Leben im Griff zu haben.

Ich erzählte Johanna von Beas Satz vom Champagnertrinken, der mir sehr gefallen und in Erinnerung gerufen habe, was uns damals verbunden habe. Johanna fragte mich, was genau mich und Bea denn verbunden habe. Ich sagte, das sei nicht so leicht zu erklären. Johanna fragte, ob sie sich dann also Sorgen machen müsse, wenn ich Bea am Fest wiedersehe.

»Wie kommst du denn darauf!«, sagte ich.

Sie sagte, sie komme darauf, weil ich in letzter Zeit *dauernd* von Bea spreche und was für tolle Dinge sie in ihren Mails schreibe. Und jetzt sei es auch noch *schwer zu erklären,* was Bea und mich miteinander verbunden habe. Das klinge für sie, als habe es da eine geheimnisvolle Anziehungskraft gegeben.

»Die gab es«, sagte ich, »aber sie war nicht geheimnisvoll, sie ist jedem bekannt: Man nennt es Liebe.«

Johanna sagte, es falle ihr schwer zu glauben, dass ich nicht immer noch Bea liebe. Sie wisse natürlich, dass es nicht so sei. Aber trotzdem ... Als sie sich zum ersten Mal verliebt habe, sei sie absolut überzeugt gewesen, dass sie nie wieder für einen Mann solche Gefühle empfinden würde. Es sei so schön gewesen, so erfüllend und total: »Das konnte nur etwas Einzigartiges sein.« Aber drei Jahre später habe sie bei einem anderen Mann dieselben starken Gefühle empfunden. Das habe sie damals sehr verwirrt. Sie habe es in gewisser Weise als Betrug empfunden, nicht an dem ersten Mann, sondern als Betrug an den Gefühlen selbst. Liebe müsste doch eigentlich etwas Unwiederholbares sein: »Einmal lieben, und dann entweder für immer oder nie mehr.« Aber immer wieder zu lieben: Daran könne sie sich im Grunde nicht recht gewöhnen. Sie finde es sonderbar, nicht ganz real. Denn wenn es real wäre, müsste man sich eingestehen, dass zwar jede Liebe auf ihre Weise anders und einzigartig sei. Aber die Gefühle an sich unterschieden sich, wenn man ehrlich sei, nicht so sehr, wie es eigentlich sein müsste, damit das Ganze nicht etwas Beliebiges bekomme.

Johanna machte eine Handbewegung, die die Häuser einschloss, auf die wir vom Balkon aus blickten.

»In dieser Stadt gibt es wahrscheinlich hundert oder zweihundert Männer, in die ich mich verlieben könnte. Das ist schrecklich.«

»Wenn ich nur einmal geliebt hätte«, sagte ich, »wäre es aber nicht Bea, sondern ein siebzehnjähriges Mädchen namens Cornelia, das ich immer noch lieben würde.«

»Ja, du solltest immer noch Cornelia lieben und ich Herbert«, sagte sie. »Denn etwas so Wunderbares sollte sich nicht wiederholen dürfen. Wenn es sich wiederholt, ist es vielleicht doch nur ein Trick, den die Evolution erfunden hat, damit die Frauen eine Zeit lang nur mit einem Mann schlafen, damit der sich dann für das Kind verantwortlich fühlt.«

Das war der Rotwein.

Aber andererseits: Was sollte die Natur sonst im Sinn haben mit der Liebe?

Und dann sprachen wir wieder über die Abifeier. Wir hatten nämlich noch keinen Plan. Und es war besser, einen zu haben, einen Begegnungsplan.

Im Ganzen hatten wir es mit zwei Anlässen zu tun: der Abifeier und zuvor der Zeugnisverleihung in der Lichtenberg-Schule. Die Abifeier machte mir Sorgen, weil Bea und Alex kamen, und die Zeugnisverleihung, weil sie nicht kamen. Eigentlich war die Zeugnisverleihung der bedeutendere Anlass, und Bea wäre gern auch hier dabei gewesen, doch wegen eines für ihre berufliche Zukunft wichtigen Fortbildungskurses war ihr das nicht möglich. Und Alex wollte wegen der Verleihung nicht seinen Urlaub in Südfrankreich frühzeitig abbrechen. Das bedeutete nun aber, dass Nora, wenn sie nach der Entgegennahme ihres Zeugnisses sich zu ihren Mitschülern auf die Bühne begab, im Auditorium als einzigen Anhörigen ihrer Familie mich sehen würde. Der Gedanke machte mich traurig – sie war ja fast eine Waise! Wenn sie durch den Mittelgang des Forums schritt, um aus den Händen des Schulleiters dieses für ihr Leben wichtige Dokument zu empfangen, wurde nur ein einziges Mitglied ihrer Familie Zeuge ihres Glücks. War nicht letztlich ich dafür verantwortlich? Ich hatte die Scheidung gewollt, ich war nach Hamburg gezogen, weit weg von Basel, und obwohl meine Gründe für all das nachvollziehbar und sogar lauter sein mochten, würde sich eben doch in diesem Moment, wenn Nora in den Zuschauerraum blickte und dort nur mich sah, zeigen, dass die Trennung ihrer Eltern, egal, aus wie lauteren Gründen sie erfolgt sein mochte, für sie einfach nur eine Scheißsituation war. Sie wollte ihr Glück teilen, doch im Auditorium saß ganz allein ihr Vater, der ihr mit schlechtem Gewissen zuwinkte, während auf den Stühlen neben ihm Fremde hockten, denen ihr Abitur egal war. Hätte die Feier in Basel stattgefunden, wäre ihre Mutter gekommen, ihr Bruder zwar auch nicht, weil er in Marseille war, aber ihre Großeltern, deren Gesundheit einen Flug nach Hamburg nicht zuließ. Das wären dann mit mir schon immerhin vier Menschen gewesen, und vier machten eine Familie. Allerdings hätten sich die Großeltern von mir weggesetzt, seit der Scheidung wollten sie mit mir nichts mehr zu tun haben. Bea und sie hätten also nebeneinandergesessen und ich allein woanders im Saal: auch nicht schön für Nora.

Aber Johanna machte es etwas schöner. Überraschenderweise sagte sie nämlich – ich wäre nicht auf die Idee gekommen, ihr diesen Vorschlag zu machen –, an der Zeugnisverleihung wolle sie aber neben mir sitzen. Es komme für sie nicht infrage, dass ich ganz allein da sei, und es gebe ja auch hinterher noch Wein und Häppchen, sie wolle mir doch dann nicht die ganze Zeit aus dem Weg gehen müssen. Sondern sie wolle mit mir gemeinsam den Moment erleben, wenn Nora und Tobias ihre Zeugnisse entgegennahmen, und hinterher wolle sie mit mir auf *unsere beiden Großen* anstoßen.

Ach Johanna, danke! Wir saßen noch immer auf dem Balkon, nun schon bei Dunkelheit, im flackernden Schein einer Kerze, die ich in die Halterung für den Sonnenschirm gesteckt hatte. Johannas Entscheidung gefiel mir sehr. Nun würde Nora beim Blick ins Auditorium mich neben Johanna und Grübchen sitzen sehen, das war für Nora ein wärmerer Anblick. Sie hätte natürlich neben mir trotzdem lieber ihre Mutter und ihren Bruder sitzen gesehen, aber der Anblick des *irgendwie Zusammengehörens* war für sie bestimmt schöner, als ihren Vater mutterseelenallein in der Menge der anderen Eltern sitzen zu sehen. Auch später, beim geselligen Teil, beim Verzehr der vermutlich trockenen Häppchen, des Salzgebäcks und dünn geschnittener Karotten, würde ich nicht mit Nora allein herumstehen und eine grotesk winzige Familie sein. Sondern wir waren dann alle zusammen, wir und die *Anderen,* wir und die *Irgendwies.*

Allerdings hatte meine Freude einen Preis: Die Begegnung mit Rolf war jetzt unvermeidlich geworden. An der Abifeier hätten wir uns aus dem Weg gehen können, aber bei der Zeugnisverleihung in der von Johanna vorgeschlagenen Konstellation war die Sitzordnung intim.

»Und wenn schon«, sagte Johanna. »Du sitzt neben mir. Grübchen sitzt entweder auch neben mir oder neben dir. Rolf sitzt dann auf jeden Fall neben Grübchen. Das will Grübchen, er will neben seinem Papa sitzen. Aber ich möchte nicht zwischen dir und Rolf sitzen, das würde nicht stimmen. Ich finde es richtig, dass du neben mir sitzt, aber nicht, dass Rolf auch neben mir sitzt. Rolf muss neben Grübchen sitzen. Aber er sollte auch nicht neben dir sitzen. Also ich, du, Grübchen, Rolf.«

»Dann musst du den Platz neben dir für mich reservieren, falls ich mich verspäte«, sagte ich. »Und den Platz neben mir für Grübchen.« Erfahrungsgemäß gab es im Saal der Schule bei Weihnachtsaufführungen und dergleichen stets zu wenige Sitzplätze für alle Eltern und Verwandten; bei der Zeugnisverleihung würde es erst recht eng werden.

Johanna sagte, sie werde ohnehin sehr früh dort sein.

»Ich setze mich ganz außen hin, zum Mittelgang. Ich komme mit Grübchen, also sitzt er zuerst neben mir. Aber ich werde ihm sagen, dass später dann du auf diesem Platz sitzt. Okay, und wenn Rolf vor dir kommt, muss ich aufpassen, dass er sich neben Grübchen setzt. Rolf wird aber sowieso zu spät kommen, wie immer. Du verstehst doch, dass Rolf auch bei uns sitzt.« Sie intonierte es nicht als Frage. Ich verstand es ja auch; Rolf als leiblicher Vater von Tobias und Grübchen konnte doch nicht allein sitzen. Tobias hätte dann von der Bühne aus seinen Vater irgendwo unter den Leuten sitzen gesehen und mich neben seiner Mutter, möglichst noch ihre Hand haltend. Das ging nicht. Ja sicher, mir war klar, dass Rolf bei uns sein musste.

Nun der zweite Festakt, die Abifeier: Wie machten wir das? Sollten Bea und Alex Johanna kennenlernen? Sollte ich ihnen Johanna vorstellen? Es wäre leicht gewesen, eine Begegnung zu verhindern, immerhin wurden fast zweihundert Gäste erwartet. In dem Trubel begegneten sich drei Leute, die sich nicht kannten, nur, wenn man sie absichtlich zueinanderführte. Wollten wir das tun? Ich eher nicht. Je näher der Termin rückte, desto größer wurde mein Unbehagen bei dem Gedanken an eine Begegnung zwischen Johanna und Bea. In der Mail, mit der Bea auf meine Ankündigung antwortete, dass wir nun trotz der Trennung von Nora und Lukas mit ihm und seinen Eltern an einem Tisch sitzen würden, hatte sie geschrieben, sie sei, als sie von der Feier erstmals erfahren habe, davon ausgegangen, dass sie mit Johanna an einem Tisch sitzen werde – verglichen damit empfinde sie die Situation, mit den Eltern des Ex-Freundes ihrer Tochter an einem Tisch sitzen zu müssen, als harmlos. Bea war die Begegnung also offenbar doch unangenehmer, als ich angenommen hatte. Aus diesem Grund schlug ich Johanna vor, dass man, falls es am Buffet oder sonstwo zu einer zufälligen Begegnung komme, sich aus der Distanz grüße, es aber zu keiner offiziellen Vorstellungsrunde komme.

»Wer grüßt wen?«, fragte Johanna.

»Ich dich«, sagte ich.

»Und dann steht deine Ex-Frau neben dir und sieht mich, und du stellst uns einander nicht vor?«

»Ja.«

»Und du und ich winken einander zu und sprechen kein Wort miteinander?«

»So ähnlich.«

Johanna fand die Vorstellung absurd, sich dann gewissermaßen verstecken zu müssen und Bea und auch Alex aus dem Weg zu gehen. Sie sei dafür, dass man kurz zusammenkomme und sich Hallo sage.

»Ich möchte doch deinen Sohn einmal kennenlernen«, sagte sie. »Nur kurz.«

Ich fragte, wie das denn gehen solle, dieses kurze Vorstellen? Sollte ich mit Bea und Alex durch den ganzen Saal zu ihrem Tisch wandern? Oder umgekehrt? Das sei ja wohl auch merkwürdig.

»Nein, wir machen das ganz am Anfang, bevor man sich setzt. Oder halt am Buffet. Dort werden wir uns sowieso begegnen.«

»Wir begegnen uns nur, wenn wir es wollen.«

»Ja, und ich will es.«

»Dann aber nur ein kurzes Vorstellen.«

»Das sage ich doch!«

»Oder sogar ein noch kürzeres.«

Wenigstens machte mir Rolf keine Sorgen, denn ihn würde ich ja dann schon bei der Zeugnisverleihung kennengelernt haben, dies würde dann schon überstanden sein. Falls ich ihm auf der Abifeier begegnete, konnte ich die Situation durch ein joviales »Ach du schon wieder!«. entschärfen oder

»Ach Sie schon wieder!« Ich beschloss, ihn beim ersten Treffen zu siezen.

Wir tranken auf dem Balkon die Weinflasche leer, die Sterne funkelten, ein Satellit zog über uns hinweg. Ich belehrte Johanna darüber, dass man Satelliten an den fehlenden Positionslichtern von Flugzeugen unterscheiden könne. In diesem Moment begannen die Positionslichter zu blinken. Ich sagte, das sei dann also ein Flugzeug. Sie sagte, sie staune über die technische Metamorphose vom Satelliten zum Flugzeug – ob das umgekehrt auch vorkomme? Ich sagte, nein, aber viele Leute, die nicht wüssten, dass man Satelliten an den fehlenden Positionslichtern erkenne, würden die internationale Raumstation ISS entweder mit einem Flugzeug oder mit einem Satelliten verwechseln. Leute, die wüssten, dass man Satelliten an den fehlenden Positionslichtern von Flugzeugen unterscheiden könne, würden die internationale Raumstation hingegen oft mit einem Satelliten verwechseln. Johanna sagte, und Leute, die betrunken seien, würden sowohl Flugzeuge wie Satelliten wie auch die internationale Raumstation mit Sternen verwechseln und zu ihrem Mittrinker sagen: »Guck mal, der Stern dort bewegt sich!«

Das war drei Tage, bevor es losging.

ZWEITER TEIL
Tanzen oder nicht

Ich kam pünktlich. Ich trug Anzug ohne Krawatte. Aber weißes Hemd, schwarze Schuhe, vorher noch poliert. Die Hose zwickte am Bauch und spannte sich beim Sitzen: Festliche Kleidung darf nicht bequem sein. Nur wenn man befürchtet, dass gleich die Naht platzt, ist es richtig.

Johanna lenkte die Blicke der Väter ab, die sich umdrehten, um sich nach ihren Söhnen oder Töchtern umzusehen, und die dann diese schöne Frau sahen, neben der ich saß, ein unverheirateter Mann neben einer unverheirateten Frau. Der Saal war voll, und es war heiß, die Damen fächelten sich mit dem Veranstaltungsprogramm Luft zu, die Herren fuhren sich mit dem Finger durch den Kragen, umso mehr jene, die Johanna betrachtet hatten.

Nur ganz wenige Eltern verstanden nicht, worum es ging, und trugen ihre täglichen Jeans und ein T-Shirt. Die meisten aber, und das war ein ermutigender Anblick, hatten sich verwandelt. Sie waren nicht mehr dieselben wie an den Elternabenden, an denen sie jeweils in *Bequemkleidung* erschienen – heute Abend waren sie Damen und Herren, und es tat der Welt gut.

Neben mir saß Grübchen, nass gekämmt und mit geschnittenen Fingernägeln. Er war ungewöhnlich still. Er wartete auf seinen Papa, wie wir alle. Johanna drehte sich häufig um, hielt Ausschau nach Rolf, doch durch die weit offene Saaltür kamen schon die Letzten und folgten den erhobenen Händen ihrer Angehörigen, die den Sitz für sie frei hielten. Rolf hingegen kam bis zuletzt nicht. Der Schulleiter testete bereits das Mikrofon. Mir war es recht. Wenn Rolf erst nach Beginn der Veranstaltung erschien, würde unsere Begrüßung natürlicherweise sehr kurz sein, ein Händedruck, ein Lächeln.

Grübchen fragte, wann denn Papa endlich komme, er müsse doch jetzt kommen, »sonst machen sie vielleicht die Tür zu, und er kommt nicht mehr rein. Sie lassen ihn nicht mehr rein!« Johanna beruhigte ihn, Papa werde ganz bestimmt gleich da sein. Dass ich schon da war, war für Grübchen ohne Bedeutung.

Nora saß weiter vorn in einem Pulk mit ihren Freunden. Nachdem sie mich gesehen und mir zugewinkt hatte, blickte sie kein einziges Mal mehr in meine Richtung. Einmal hatten wir uns zugewinkt, einmal die Woche aßen wir zusammen, einmal im

Jahr ist Weihnachten und einmal mein Geburtstag und einmal ihrer, so ist das im Grunde.

»Da ist Papa!«, rief Grübchen.

Ich drehte mich um. Wer von denen war er? Ich sah einige Männer neben dem Saaleingang stehen, sie hielten Ausschau nach ihren Frauen und Verwandten. Zuerst hielt ich den Falschen für Rolf, einen, der dann nicht Johanna zuwinkte, sondern der Frau in der Reihe vor ihr. Johanna wiederum gab dem Mann, der neben dem stand, den ich für Rolf gehalten hatte, ein Handzeichen, er solle doch kommen.

Das war also Rolf. Ach so!, dachte ich. Johanna hatte nie behauptet, er sei nicht attraktiv, aber ich war doch erstaunt, wie gut er aussah. Jedoch färbte er sich die Haare, oder nicht? Dieses Kastanienbraun konnte in seinem Alter doch unmöglich natürlichen Ursprungs sein!

Rolf schüttelte den Kopf und machte eine besänftigende Bewegung: *Kein Problem, ich bleibe hier stehen.* Johanna deutete auf den leeren Stuhl neben Grübchen: *Nun komm schon!*

»Papa!«, rief Grübchen. Er kniete auf dem Stuhl und winkte heftig seinen Vater herbei. Rolf schob sich an den Knien der Sitzenden vorbei zu seinem Platz. Zuerst kniff er Grübchen in die Wange, dann reichte er mir über Grübchens Beine hinweg die Hand. Das war alles. Es wurde kein Wort gesprochen.

Der Schulleiter begann mit seiner Rede, die aber nicht zu mir durchdrang. Dies war die Zeugnisverleihung meiner Tochter, aber mich trennte nur ein neunjähriger Junge vom Ex-Mann der Frau, die ich liebte. Deren gemeinsames Kind saß zwischen ihm und mir. Während der launigen und mit lateinischen Sentenzen dekorierten Rede des Schulleiters kraulte Rolf Grübchens Rücken – das hätte ich mir nie erlaubt. Seit Grübchen denken konnte, hatte seine Mutter einen Freund, und Papa lebte nicht mehr bei ihnen. Wenn ich ihn aus der Schule abholte und ein anders Kind fragte, wer ich sei, antwortete Grübchen: »Das ist der Freund meiner Mutter.« Manchmal fügte er ein *nur* hinzu. Wenn in der Metzgerei die Verkäuferin ihm ein Röllchen Fleischwurst über die Theke reichte mit den Worten: »Natürlich nur, wenn dein Papa es erlaubt«, war es Grübchen wichtig, klarzustellen, dass ich nicht sein Papa war. Als er fünf war und wir im Schwimmbad zur Rutsche gingen, schaute er sich plötzlich um und flüsterte: »Die denken jetzt alle, dass du mein Papa bist. Aber das stimmt gar nicht.« Andererseits umarmte er im Urlaub in Südfrankreich einmal meine Beine, schaute verliebt zu mir hoch und sagte: »Du bist mein Papa!« Häufig nannte er mich, wenn er mir etwas erzählte, versehentlich Papa, oder er sagte Pap... und korrigierte sich in letzter Sekunde. Niemals hätte ich seinen Rücken gekrault. Rolf aber tat es.

In einer Veranstaltungspause zwischen zwei Ansprachen begann Grübchen dann an meinem Programmzettel zu zerren, im Spiel. Ich glaube, er wollte mir aus der Geborgenheit im Arm seines Papas heraus zeigen, dass er mich nicht ganz vergessen hatte. Er war mir vertraut und ich ihm, aber jetzt war nicht der richtige Moment, diese Vertrautheit auszuleben. Weder wollte ich in Rolfs Gegenwart mit seinem Kind spielen noch Grübchen zurechtweisen, also überließ ich ihm den Programmzettel und stellte mich tot.

Eine SPD-Abgeordnete vom Schulamt sprach nun ausführlich über ihre eigene Gymnasialzeit. Die Leute begannen leise miteinander zu reden. Rolf tuschelte mit Grübchen, zwischendurch checkte er auf seinem Handy seine Mails. Grübchen redete ausschließlich mit Rolf, mich stieß er nur hin und wieder mit dem Ellbogen in die Seite oder zwickte mich, lächelte und tat so, als habe er überhaupt nichts gemacht.

Johanna, Rolf und ich wechselten kein Wort. Ich sprach aus ähnlichen Gründen nicht mit Johanna, aus denen ich nicht mit Grübchen *Programmzettel-Klauen* spielte. Es widerstrebte mir, in Rolfs Anwesenheit mit seiner Ex-Frau zu sprechen, ich fand, es gehörte sich nicht. Johanna schien es ähnlich zu empfinden; jedenfalls blickte sie mich während der ganzen Reden kein einziges Mal an. In Momenten, in denen sich die Gelegenheit bot, mit Rolf zu sprechen, etwa wenn eine neue Schüler-Musiktruppe sich auf der Bühne zum Musizieren bereit machte, fiel mir nicht ein, was ich zu ihm hätte sagen können. Rolf unternahm gleichfalls keinen Versuch. Wenn er nicht gerade Grübchen kraulte, mit ihm tuschelte oder Mails las, wirkte er merkwürdig abwesend. Er saß, was für einen schlanken, sportlichen Mann wie ihn ungewöhnlich war, vornübergebeugt, die Ellbogen auf den Knien, da und schaute interesselos in eine ziellose Ferne. Seine Schuhe waren tadellos geputzt, rahmengenähte Budapester. Er trug Manschettenknöpfe aus Perlmutt, das imponierte mir. Er verkaufte erfolgreich, wie gesagt, winzige Teile für Computerplatinen in alle Welt, war geradezu hübsch und hatte sechzehn Jahre lang mit der Frau geschlafen, die ich liebte. Oder achtzehn. Vielleicht kannte er sie besser als ich? Aber im Grunde war das nicht nötig. Er brauchte sie nicht besser zu kennen als ich: Er hatte mit ihr zwei gemeinsame Kinder. Das verband ihn mit Johanna auf einer Ebene, die mir verschlossen blieb. Nur ihm stand es zu, Grübchen zu kraulen, und als der Schulleiter nun Tobias' Namen aufrief und der schicke junge Mann in seinem dunkelblauen Anzug und den glänzenden spitzen Schuhen nach vorn ging, um sein Abiturzeugnis entgegenzunehmen, empfanden Johanna und

Rolf beide dasselbe tiefe Glück, das konnte ich sehen. Ich jedoch freute mich für Tobias nur etwas mehr, als ich mich für jeden anderen Schüler hier freute. Doch als Nora an der Reihe war, als sie in ihrem rückenfreien Abendkleid mit den durchbrochenen Ärmeln und in den schwarzen Pumps nach vorn seiltanzte, empfand wiederum ich dieses bis zu den Wurzeln des eigenen Lebens reichende Gefühl, während Johanna sich nur freute und Rolf wohl nicht einmal wusste, dass dieses Mädchen meine Tochter war. Im Moment, als Nora strahlend auf der Bühne stand, wünschte ich mir, Bea wäre hier und würde mit mir diesen Moment teilen – nur sie hätte mich jetzt innerlich begleiten können. Ich machte mit dem Handy unaufhörlich Fotos, damit Bea später an dem Augenblick teilhaben konnte. Ich saß für uns beide hier, für eine Frau, die in meinem Leben in weite Ferne gerückt war und die sich dennoch mit mir noch gemeinsam an einem Ort befand, an dem wir auf ewig zusammengehörten: in den Herzen unserer Kinder.

Der offizielle Teil der Zeugnisverleihung war nun vorbei. Man erhob sich, die Damen strafften die Röcke, die Herren zupften an der Hose, die ihnen beim Sitzen in der Hitze an den Hintern gewachsen war. Johanna und ich unterhielten uns kurz, in unpersönlichem Ton wie Kollegen auf dem Flur, wir benahmen uns ins Rolfs Nähe, als seien wir kein Paar. Dann verließen wir im Strom der plaudernden Leute den Saal, wobei Rolf vor uns ging, zusammen mit Grübchen.

Ein Stockwerk höher sollte nun laut Programmheft der *gesellige Teil* stattfinden. Ich überlegte mir, worüber ich mit Rolf reden könnte, wenn wir mit zwei Gläsern in der Hand einander gegenüberstanden. Auf der Treppe drehte Rolf sich kurz nach Johanna und mir um, ohne etwas zu sagen, er schaute uns nur einen Moment lang an, uns beide, uns, wie wir nebeneinander die Treppe hochstiegen. Sein Gesicht veränderte sich, es war, als würde ein Schatten darüber wandern. Vielleicht bildete ich es mir aber nur ein.

Oben im Aufenthaltsraum, in dem die Schüler sonst die Pausenzeit verbrachten, goss ich mir am Buffet einen Orangensaft ein. Ich begann Salzstangen zu essen und fand heraus, dass Salzstangen mir einen Halt boten, ich fühlte mich sicherer, wenn ich an etwas knabberte. Johanna und ich sprachen über Belangloses, wie heiß es sei und dass es nächste Woche noch heißer werde laut Wetterbericht. Wir blickten uns selten an und waren jedes Mal froh, wenn wir jemanden sahen, den wir kannten, etwa Eltern von Noras und Tobias' Schulfreunden, mit denen wir einige Worte wechseln konnten. Zu dem Gespräch mit

Rolf, auf das ich mich gefasst machte, kam es nicht, denn Rolf und Grübchen waren nach draußen auf die Terrasse verschwunden, von wo aus man einen Blick über die Stadt hatte und auf die Hafenkräne in der Ferne, die traurig ihre Lasten hoben.

Nora stieß zu mir, ich gratulierte ihr noch einmal, holte ihr ein Glas Weißwein, wir stießen feierlich an. Johanna war plötzlich auch weg. Während ich Nora fragte, was sie sich eigentlich als Abigeschenk wünsche, observierte ich die Terrasse. Ich war nicht im eigentlichen Sinn eifersüchtig, dazu gab es keinen Grund. Ich wollte nur wissen, ob Johanna mit Rolf draußen stand. Nora sagte, sie habe gar nicht gewusst, dass ich ihr etwas schenken wolle.

»Doch«, sagte ich, »doch, das möchte ich« – und jetzt sah ich Johanna an einem dieser halbhohen runden Catering-Tischen auf der Terrasse stehen, im Gespräch mit einer blonden, wuchtigen Frau, Tobias stand neben ihr. Rolf und Grübchen konnte ich nirgends entdecken. »Ja, das möchte ich«, sagte ich und schaute mich nun nach Sherin, ihrer Mutter und ihrem Onkel um, die ich vorhin im Saal kurz gesehen hatte: Die Mutter trug ein schönes orientalisches Kleid und Kopftuch, wohingegen der Onkel in einem *business suit* erschienen war. Es nahm mich wunder, ob es zu einer Begegnung zwischen dem Onkel und Johanna kommen würde. Tobias plauderte jetzt mit David und ein paar anderen Schülern aus seiner Clique, Sherin war nicht dabei.

Nora sagte, wenn ich schon spendabel sein wolle, wogegen sie nicht das Geringste habe, dann wäre ein Plattenspieler toll.

»Ein Plattenspieler?«, sagte ich.

Sie sagte, ja, ein Plattenspieler.

Ich sagte: »Lass uns auf die Terrasse gehen.« Denn ich hatte Rolf gesehen, ohne Grübchen; es schien, als halte er nach Johanna Ausschau.

Auf der Terrasse begegneten wir Lukas und seinen Eltern, und es freute mich zu sehen, dass Lukas' Eltern Nora sehr herzlich begrüßten, als sei nichts gewesen. Lukas hingegen war zurückhaltender. Er schüttelte mir sehr förmlich die Hand, von Nora nahm er keine Notiz, was aber auch nur daran liegen mochte, dass sie sich schon den ganzen Tag über dauernd begegnet waren. Ich machte im Gespräch mit Lukas' Mutter den Fehler zu sagen, zu einer Hochzeit der beiden komme es ja jetzt leider nicht. Der Scherz kam nicht gut an. Die Mutter machte eine unwirsche Handbewegung und sagte: »Ach, das ist doch ...«

Wir sprachen nun über die langweilige Rede der SPD-Abgeordneten, über die alle sprachen, es war idealer Gesprächsstoff in einer Small-Talk-Situation, wir waren der SPD alle dankbar dafür. Man konnte über die missglückte Rede außerdem treffende Bemerkungen machen, ohne sich an den Inhalt der Rede erinnern zu müssen. Man konnte reden und sich, wie ich, gleichzeitig für etwas anderes interessieren, in meinem Fall für Rolf. Er stand zuhinterst auf der Terrasse, wo sich sonst niemand aufhielt, und dort lehnte er sich auf die Brüstung und rauchte einen Zigarillo. Nachdenklich blickte er über die Stadt. Von der Seite sah er mir ein wenig ähnlich. Das fiel mir jetzt auf: eine fast unmerkliche Ähnlichkeit, und nur im Profil. Unmerklich für andere, aber nicht für mich, und vermutlich auch nicht für ihn.

Johanna strich mir über den Arm, als sie an mir vorbeiging. Grübchen war bei ihr, beide Hände voller Erdnüsse. Und dort hinten am Ende der Terrasse stand Rolf, den Fuß auf eine der Streben der Brüstung gestützt. Und nun sah ich auch wieder den Schatten, diesmal nicht nur auf seinem Gesicht, es war ein Schatten, der größer war als er selbst und der ihn vollständig umgab. Ich ahnte, dass dies in gewisser Weise auch mein Schatten war.

Ich wollte jetzt gehen. Ich wollte mit Johanna nach Hause gehen, mich mit ihr aufs Sofa setzen und sie für den Rest des Abends umarmen. Ich sah keine Kinder mehr, weder ihre noch meine, sie spielten keine Rolle. Es war nur wichtig, dass Johanna und ich uns umarmten, uns küssten, uns in die Augen schauten. Ich wollte mit ihr gemeinsam an *unserem* Ort sein, allein mit ihr an dem Ort, an dem es außer uns nichts gab.

Zweiter Festakt: Alex

Es war ein kühler, windiger Tag. Am Morgen bat mich Johanna, sie heute Abend zur Fabrikhalle zu fahren, in der die Feier stattfand, sie habe wegen des Wetters, das für dünne Abendkleider nicht geeignet sei, sich jetzt doch entschlossen, nicht mit dem eigenen Auto hinzufahren. Denn schlimmstenfalls müsse sie dann von einem weit entfernten Parkplatz in ihren Pumps den ganzen Weg bis zur Halle laufen, und das bei dieser kühlen Witterung.

Aber ich hatte mit Bea schon vereinbart, gemeinsam mit ihr, Alex und Nora zur Feier zu fahren. Der Plan war, am frühen Nachmittag zuerst Bea vom Flughafen abzuholen und sie dann zu Nora zu fahren, wo Alex auf uns warten würde, der mit einem früheren Flug aus Marseille kam, wo er mit einem Freund einige Urlaubstage verbracht hatte. In Noras Wohnung sollte es zur primären Begegnung zwischen mir und Alex kommen, und meiner Meinung nach verstand es sich von selbst, dass wir hinterher alle gemeinsam zum Fest fuhren.

Johanna sagte, sie könne aber in diesen Schuhen nicht einen halben Kilometer über Kopfsteinpflaster gehen. Diese Schuhe hätten einen anderen Zweck, als mit ihnen herumzulaufen. Außerdem solle ich mir einmal vorstellen, wie es umgekehrt für mich wäre, wenn sie nicht mit mir, sondern mit Rolf zur Feier fahren würde, und ich müsste dann allein hinfahren.

»Aber ich fahre ja nicht allein hin«, sagte ich. »Ich fahre mit Bea, Alex und Nora.«

»Stell dir einfach mal vor«, sagte Johanna, »wie das für dich wäre.«

Unter anderen Umständen hätte es mich tatsächlich gestört, wenn sie mit Rolf und nicht mit mir hingefahren wäre.

»Aber ihr sitzt doch sowieso zusammen am Tisch«, sagte ich. »Da spielt das doch keine Rolle mehr.«

Sie erklärte mir, Rolfs Auto sei in der Werkstatt, er komme mit der U-Bahn. Er könne sie also nicht mitnehmen, abgesehen davon wolle sie es auch nicht. Sie fände es einfach nett von mir, wenn ich sie hinfahren und vor dem Eingang absetzen würde, damit sie nicht so weit laufen müsse. Bea und Alex könnten doch ein Taxi nehmen.

Ein Taxi? Aber wie hätte es denn auf Alex gewirkt, wenn ich mit meiner Freundin zur Feier fahre, und er und seine Mutter müssen sich ein Taxi bestellen?

Johanna sagte, dann müsse sie also bei Wind und Wetter und mit Grübchen im Schlepptau zu dieser Halle wandern, in einem Abendkleid und diesen Schuhen?

Mir war nicht klar, ob es Johanna wirklich um die eleganten Schuhe ging oder um einen Akt der Zusammengehörigkeit. Aber ich fragte sie nicht danach, denn eigentlich kannte ich die Antwort: Das gemeinsame Erscheinen am Fest war ein stärkeres Signal als das Miteinander-am-Tisch-Sitzen. Eigentlich hätten Johanna und ich zusammen die Bühne betreten müssen, sie hatte recht. Nur war ich an diesem Abend eben auch Gastgeber und Vater, ich musste mich um *meine Leute* kümmern, und ich konnte nicht mit Johanna *und* mit Alex und Bea hinfahren.

»Komm, hör auf, alles in Ordnung«, sagte Johanna, »dann fahre ich eben mit meinem Auto!«

Als ich sie zum Dank auf die Wange küsste, versteifte sie sich.

So begann der Tag der Abifeier – und er hatte sich vorgenommen, lang und schwierig zu werden.

Kurz nach Mittag fuhr ich zum Flughafen. Ich freute mich darauf, Bea wieder einmal zu sehen und mit ihr durch die Stadt zu fahren, die jetzt meine Heimat war. Es war eine Freude wie bei einem Verwandtenbesuch: Man freut sich wirklich auf den Onkel, den man so lange nicht mehr gesehen hat, aber kaum ist er da, verfliegt die Freude. Das spielt aber keine Rolle, denn da kommt jemand, mit dem man zwar kaum Berührungspunkte hat, der aber aus dem eigenen Leben nicht wegzudenken ist.

Ich wartete am Ausgang des Terminals auf Bea, ohne Blumen. Zuerst kam mir das selbstverständlich vor: natürlich keine Blumen! Doch warum eigentlich nicht? Wir hatten so viele Jahre miteinander verbracht, unsere Leben waren ineinander verzahntgewesen, manchmal hatten wir uns gleichzeitig in dieselbe Richtung bewegt, das waren erfüllende Momente gewesen. Früher hatte ich ihr oft Blumen geschenkt, aus unbedeutenderen Anlässen als einem Besuch anlässlich der Abiturfeier der gemeinsamen Tochter. Sie hätte es bestimmt nicht falsch verstanden. Sie wäre vielleicht irritiert gewesen, das schon. Also ließ ich es sein, fand es aber plötzlich schade, dass ich ihr nicht doch vorn in der Flughafenhalle ein halbes Dutzend Gerbera kaufte, Rosen wären falsch gewesen.

Sie erschien mit halbstündiger Verspätung. Sie hatte sich die Haare gefärbt, schwarz. Es stand ihr nicht. Sie trug Jeans und eine beige Lederjacke, flache, etwas staubige Schuhe. Ich hatte vergessen, sie auf den Dresscode der Abifeier hinzuweisen: die Damen im Abendkleid, die Herren im Anzug. Allerdings hatte sie einen großen Koffer dabei. Was Kleidung betraf, war Bea der *Outdoor-Typ,* Hauptsache bequem und warm. Deshalb beruhigte mich ihr großer Koffer: Sie hatte bestimmt ein Cocktailkleid und Abendschuhe mitgenommen. Es ließ mir aber doch keine Ruhe. Noch bevor wir im Auto saßen, fragte ich sie, ob sie für heute Abend etwas Festliches dabeihabe? Sie sagte, ja sicher, ich hätte ihr ja geschrieben, dass es erwünscht sei, zweimal sogar. Daran konnte ich mich nicht erinnern.

»Ich werde alt«, sagte ich. Zu Johanna hätte ich das nicht so leichthin gesagt.

Jetzt fiel mir auf: Bea trug eine Brille! Ein elegantes Modell, sie sah gut aus damit. Ich merkte, es war mir im Hinblick auf die Begegnung mit Johanna wichtig, dass Bea gut aussah. Hoffentlich hatte sie das kleine Schwarze dabei, das sie sich ein Jahr vor unserer Trennung anlässlich der Geburtsfeier eines gemeinsamen Freundes gekauft hatte, darin hatte sie mir sehr gefallen. Mir fiel ein, dass wir damals nach langer Zeit wieder einmal miteinander geschlafen hatten, doch ich verscheuchte diese Erinnerung, die mir in der gegenwärtigen Situation ein wenig obszön vorkam, wie der Blick durchs Schlüsseloch, wenn jemand duscht.

Besser war es, über Nora zu sprechen, denn

die Kinder waren unser gemeinsames Thema. Niemand sonst kannte sich mit Nora und Alex so gut aus wie Bea und ich. Ich sagte, mich befremde es ein wenig, wie nüchtern, fast ein wenig gleichgültig Nora über die Trennung von Lukas spreche. Auf meine Frage, wie es ihr denn jetzt gehe, ob sie nicht traurig sei, habe Nora kürzlich geantwortet, ja, es sei schlimm, aber ehrlich gesagt: »Es wird ein Nächster kommen.«

»Das hat sie von dir! Das hast du ihr beigebracht!«, sagte Bea zwar in heiterem Ton, aber doch auf eine Weise heftig. Es war wie ein Überfall, keine zwanzig Minuten nach unserem ersten Wiedersehen seit Langem, und es war darin eine Frischheit der Verletzung spürbar, die mich überraschte.

Wir fuhren an schöner Stadtlandschaft vorbei. Bea schaute sich Hamburg an und ich mir ihre Haare. Sie hatte sie nicht gewaschen. Das hatte mich schon früher immer gestört, ich hatte nie verstanden, warum sie ihre Haare nicht wenigstens jeden zweiten Tag wusch. Ich war froh, dass mich das jetzt nichts mehr anging. Aber heute störte es mich trotzdem, heute ging es mich vorübergehend etwas an, und ich rechnete das Ganze zeitlich durch und kam zum Ergebnis, dass Bea zum Umziehen und Zurechtmachen im Hotel knapp eine Stunde blieb. Wir fuhren ja jetzt zuerst zu Nora, wo es zum Treffen mit Alex kommen würde. Danach würde ich Bea und Alex ins Hotel bringen, damit sie sich umziehen konnten, dann Fahrt zur Abifeier. Bea duschte nie tagsüber, warum sollte sie es heute tun? Noch nie hatte sie sich am späten Nachmittag die Haare gewaschen. Wenn sie vorgehabt hätte, mit frisch gewaschenen Haaren zur Abifeier zu erscheinen, hätte sie ihre Haare bereits heute früh gewaschen. So standen die Dinge. Sie würde also mit diesen Haaren sich an der Feier präsentieren. Ich fand es schade. Sie war wirklich hübsch, aber sie machte zu wenig aus sich.

In diesem Moment sagte Bea: »Fahr mal langsamer! DM ist doch eine Drogerie? Der Laden da rechts. Kannst du da vielleicht mal anhalten, ich habe beim Einpacken das Shampoo vergessen und brauche dringend eins.«

Hatte sie sich verändert oder nur ich mich nicht?

Ich stand mit Warnblinker am Straßenrand und wartete auf Bea, und plötzlich hörte ich im Takt des Warnblinkers A - Lex - A - Lex - A - Lex. Vor einigen Wochen hatte ich wegen der Wiederbegegnung von Alex und mir eine Phase höchster Aufregung durchlebt. Mehrere Nächte erwachte ich, kaum war ich eingeschlafen, mit dem Gedanken an ihn. Manchmal geriet ich im Halbschlaf in Streit mit ihm, einmal warf er mir sein Zeugnis vor die Füße, oder wir ritten gemeinsam am Rand schroff abfallender Kalkfelsen an einer Meeresküste entlang. In jenen Tagen, und erst recht nicht in den unruhigen Nächten, freute ich mich keineswegs darauf, Alex wiederzusehen. Das Treffen kam mir vor wie etwas Unangenehmes, das getan werden musste, damit die Dinge sich zum Besseren wandten, ähnlich wie das Ziehen eines faulen Zahns. Danach hatte ich mich, ohne eine innere Einstellung zum Treffen gewonnen zu haben, wieder beruhigt und manchmal tagelang nicht an die bevorstehende Begegnung gedacht.

Jetzt, als mich nur noch eine halbe Stunde vom Wiedersehen mit Alex trennte, war ich nahezu gelassen. Das fand ich seltsam. Ich zog in Erwägung, dass irgendwelche Hormone mich gerade betäubten, wie es angeblich bei Frontsoldaten der Fall sein soll, wenn ihre extreme Angst auf dem Höhepunkt plötzlich in Fatalismus umschlägt. Ich hätte nicht sagen können, ob ich mich auf das Treffen freute oder nicht, und ich spürte diese sonderbare Gelassenheit auch noch, als Bea und ich vor Noras Wohnungstür standen und ich klingelte und wusste, dass hinter dieser Tür mein Sohn auf mich wartete.

Aber dann, als Nora öffnete und ich hinter ihr an dem winzigen Tisch in der Küche Alex sitzen sah, schnürte sich mir die Kehle zu. Mir schossen die

Tränen in die Augen, nur mit Mühe konnte ich mich zusammenreißen. Unter keinen Umständen wollte ich diese Wiederbegegnung auf mein Herumheulen reduzieren, denn Alex hätte meinen Gefühlsausbruch als Anklage verstehen können: Schau her, wie sehr dein Vater deinetwegen leidet.

Auf winzigen Füßen und fingerdünnen, schwankenden Beinen ging ich in die Küche. Alex stand auf und streckte mir seine Hand hin, und ich umarmte ihn an seiner Hand vorbei. In dem kurzen Moment, bevor er sich aus der Umarmung frei machte, kehrte eine vergessene körperliche Erinnerung zurück an den kleinen, bauchigen, warmen Körper, den ich, auf dem Boden des Kreißsaals sitzend, in den Händen gehalten hatte: diese unwirklich zarte, aus dem Wasser kommende Haut, das zerknautschte Gesicht aus lauter tiefen Falten und der kleine Atem, der über meine Lippen strich, als ich mein Gesicht über das von Alex beugte.

Alex sagte: »Und? Wie geht es dir?« Und völlig unerwartet umarmte nun er mich, und zwar so, als wolle er mich nie wieder loslassen, ich spürte in meinen Handflächen sein Zittern.

Aber so ist es eben nicht gewesen. Ganz und gar nicht. Es hätte so sein müssen, finde ich, aber in Wirklichkeit blieb ich gelassen, als ich Alex am Küchentisch sitzen sah, meine Stimmung veränderte sich nicht. Ich sah ihn, und da war er. Wir umarmten uns kurz, er mochte die Umarmung nicht. Es geschah nichts Besonderes, das war das Unglaubliche. Es dauerte hinterher lange, bis ich verstand, dass gerade diese Unscheinbarkeit unserer Begegnung, gerade das Unspektakuläre und Emotionslose das eigentlich Wunderbare war: Das war Familie. Man hat sich jahrelang nicht gesehen und kaum ein Wort gewechselt, und wenn man sich nach vielen Wintern wieder trifft, sagt man: »Und? Wie geht es dir?« Es ist nicht Gleichgültigkeit, es ist das Wissen um die Untrennbarkeit. Was immer auch geschieht, wie sehr man sich einander menschlich auch entfremdet: Man bleibt verbunden. Ob man will oder nicht.

Alex hatte sich äußerlich verändert, seit ich ihn zum letzten Mal gesehen hatte, aber das spielte keine Rolle. Er wäre auch mein Sohn geblieben, wenn er hundert Kilo zugenommen und sich einer Gesichtsoperation unterzogen hätte. Selbst eine psychische Veränderung hätte ihn nicht aus der Familie wegsubstrahieren können. Alex und ich gehörten eben nicht *irgendwie* zusammen, sondern fundamental. Es war folglich auch nicht nötig, gemeinsame Interessen zu haben oder sich menschlich gut zu verstehen: So etwas war nur in Freundschaften und in der Ehe nötig, aber nicht in der Familie. Alex standen andere Menschen letztlich näher als ich, mit ihnen besprach er seine

Probleme, nicht mit mir – aber das war alles nicht von Bedeutung. Liebespartner und Freunde kommen und gehen. Aber eine Tante, ein Sohn, eine Tochter, ein Vater sind einfach da, wie der Berg, der Himmel, die Brandung. Familie ist eine Naturgewalt. Sie kann zerstörerisch sein, doch meistens ruht der Vulkan im blauen Schein eines Fernsehers, im Kerzenlicht eines Weihnachtsessens, oder man versammelt sich um den erloschenen Kegel zu Onkel Peters Achtzigstem. Eingeladen ist jeder, der dazugehört, und auch wenn die meisten sich nur sehr selten sehen, braucht niemand von vorn anzufangen, denn es geht nicht darum, eine alte Freundschaft aufzufrischen oder eine alte Liebe oder dergleichen: Verwandtschaft muss nicht erneuert werden. Familie ist zeitlos und überdauert selbst den Tod. Man rückt in der Ahnenreihe lediglich immer weiter nach hinten, doch die Reihe ist endlos, und man wird erst aus ihr verschwinden, wenn die Sonne sich zum Roten Riesen aufbläht und die Erde zu Staub verbrennt.

Als Alex und ich uns wiederbegegneten, war es, als hätte ich ihn soeben aus der Schule abgeholt. Wir waren einfach wieder zusammen, das war alles. Irgendwo steckten natürlich der Groll, die Trauer, meine Scham und sein Misstrauen. Aber es hatte keine Wirkung darauf, dass wir Vater und Sohn waren und es für immer blieben.

Ich fragte ihn, ob es ihm in Marseille gefallen habe. Er sprach von der *Wirklichkeit des Lebens* dort. Er schaute dabei Bea an und Nora, als hätten sie ihm die Frage gestellt. Er schwärmte von der Farbe des Meeres vor Marseille und dem schweren, dunklen Geruch des alten Hafens.

Wir tranken den marokkanischen Minztee, den er Nora mitgebracht hatte, aßen fettes Gebäck aus dem Aldi, wir waren an dem kleinen Küchentisch versammelt wie die Überlebenden eines Bombardements, ich glaube, wir spürten alle ein wenig unsere Knochen. Alex sprach über seinen Plan, als Nächstes Marokko zu besuchen, und während er den Kolonialismus geißelte, sah ich ihn auf einem Wanderweg in Einsiedeln, an einem späten Nachmittag im fahlen herbstlichen Licht, da war er vier Jahre alt, und er kam beim Versuch, Bea und mir unbedingt etwas zu erzählen, außer Atem und blickte schließlich erschöpft in die Ferne, mit glühend roten Wangen.

Ich brachte ihn und Bea zum Hotel. Während der Fahrt antwortete Alex auf meine Fragen ausführlich, klug und sprachverliebt. Wer die Vorgeschichte nicht kannte, wäre erstaunt gewesen zu erfahren, dass hier ein Sohn zum ersten Mal seit Jahren wieder mit seinem Vater sprach. Alex redete mit mir, als sei nichts geschehen. Er war höflich und interessiert. Doch im Grunde sprach er gar nicht mit mir, sondern mit *irgendjemandem.* Sein Weg, mir zu entgehen, war das unpersönliche Gespräch – eine intelligente Methode! Ich war stolz auf ihn. Sollte er ruhig mit mir sprechen wie mit einer Zufallsbekanntschaft, es konnte doch an unserer archaischen Verbundenheit nichts ändern.

Die beiden stiegen vor dem Hotel aus, und wir vereinbarten, dass ich sie in zwei Stunden wieder hier abholte. Auch ich musste mich nun umziehen, und so fuhr ich nach Hause. Auf der Fahrt geschah Folgendes: Ich sah an einer Kreuzung die Blaulichter eines Krankenwagens und der Polizei. Einige Schaulustige, Uniformierte, Krankenpfleger, und im Zentrum ein Mann, der an eine Hausmauer gelehnt auf dem Gehsteig saß, das Kinn auf der Brust. An den Attributen erkannte man: Es war ein Obdachloser. Und an der Art, wie er dasaß, erkannte man, dass er gestorben war. Er war an diesem Tag, an dem wir uns umzogen, um das Fest des Abiturs zu begehen, auf irgendeinem Gehsteig gestorben, unter einem Balkon, in dessen einzigem Blumentopf ein kleiner Deutschlandwimpel aus Plastik steckte. Niemand hatte ihn beachtet, als er noch lebte, aber jetzt wurde er fotografiert, und eine Menge Leute kümmerten sich um ihn. Und einer, irgendein Vater, der es zufällig sah, brachte ihn mit etwas in Verbindung, mit dem er nichts zu tun hatte, und fuhr schluchzend weiter.

Das Hallentor

Ich zog zum zweiten Mal meinen Anzug an, dessen Hosenbund ich einige Tage vor der Zeugnisverleihung beim Änderungsschneider eigens noch weiter hatte machen lassen, und zwar, wie die Schneiderin es nannte, *das volle Programm* weiter, also um die ganzen verfügbaren fünf Zentimeter, »und auch dann werden Sie beim Sitzen noch spüren, dass Sie eine Hose tragen.«

Als ich fertig war, rief ich Johanna an und fragte sie, wo wir uns heute Abend treffen sollten für die offizielle Begegnung zwischen ihr, Bea und Alex. Johanna sagte, sie werde mit Tobias und Grübchen im Foyer der Fabrikhalle warten. Oder, falls wir zuerst da seien, sollten wir dort warten. Ich fragte sie, ob Rolf dann eigentlich auch dabei sein werde, und sie sagte: »Nein, natürlich nicht!«

Es wäre tatsächlich sonderbar gewesen, wenn wir uns als zwei ehemalige Paare im Foyer begegnet wären. Wenn also Johanna in Begleitung von Rolf auf Bea und mich gewartet und ich dann Bea mit Johanna *und* mit Rolf bekannt gemacht hätte. Es wäre mehr als sonderbar, es wäre grotesk gewesen, Bea dem Ex-Mann meiner Freundin vorzustellen. Erst recht musste verhindert werden, dass Alex Rolf zu Gesicht bekam. Rolf durfte also während der Begegnung nicht einmal in der Nähe sein.

»Bist du sicher, dass du das verhindern kannst?«, fragte ich Johanna. Denn man konnte Rolf ja nicht verbieten, nach dem Einlass sich zu Tobias und Grübchen zu begeben, es waren seine Kinder! Er wollte doch bei ihnen sein, und zwangsläufig würde er sich somit auch in der Nähe von Johanna aufhalten. Und dann kamen Bea und ich, und unser Ziel war Johanna, aber Rolf stand mitten im Begrüßungsfeld. Es war dann doch unvermeidlich, dass Bea und er einander vorgestellt wurden. Dazu durfte es nicht kommen.

»Rolf sollte dann wirklich weit weg sein«, sagte ich.

»Was ich jetzt nicht brauchen kann«, sagte Johanna, »ist ein Mann, der die Nerven verliert.« Sie sagte, sie müsse noch so viel erledigen, bevor sie zur Feier fahre. Rolf werde selbstverständlich nicht dabei sein, »wenn Bea und ich uns kennenlernen.«

Wenn Bea und ich uns kennenlernen – nun passte mir auch das nicht mehr. Es hatte mir noch nie gepasst. Ich verstand nicht, wie ich jemals an einen gemeinsamen Tisch hatte denken können. Zum Glück hatten Tobias und Johanna das verhindert! Zum Glück gab es zwei Tische, aber ich hätte konsequenter sein und darauf beharren sollen, dass es zu überhaupt keiner Begegnung kam. Dafür war es nun aber zu spät.

»Ich verstehe dich ja«, sagte Johanna. »Aber wenn Bea und ich uns aus dem Weg gehen würden, das wäre doch auch merkwürdig. Denn dann müssten wir beide uns auf der Feier auch aus dem Weg gehen oder uns sozusagen heimlich treffen.«

Sie hatte recht: Es war das eine merkwürdig und das andere ebenso. Man konnte in dieser Angelegenheit nur zwischen dem Merkwürdigen und dem Seltsamen wählen.

Bea und Alex warteten schon vor dem Hotel, als ich ankam. Zum ersten Mal sah ich Alex in einem Anzug. Ich hatte ihn in einem roten Strampelhöschen gesehen, auf dem vorn eine gelbe Eule aufgenäht war. Ich hatte ihn in kurzen Hosen und einem T-Shirt, auf dem *Adidas* stand, am ersten Schultag gesehen. Auf der Beerdigung seiner Großmutter hatte ich ihn zum ersten Mal ein Hemd tragen sehen, ein dunkelgraues. Jetzt sah ich ihn zum ersten Mal in Herrenschuhen, einem weißen Hemd, einer gebügelten Hose und einem Sakko. Bea trug ihr schwarzes Cocktailkleid und schöne Ohrringe und Riemchenschuhe, und irgendetwas daran machte mich traurig.

Wir holten Nora ab, die sich von einer jungen, hübschen Frau in eine schöne Dame verwandelt hatte. Sie drehte sich in ihrem Kleid zu unserem Komplimenten einmal um sich selbst. Dann schritt sie die hölzerne Treppe des schäbigen Mietshauses hinunter, als habe sie soeben eine arme Familie besucht und den Kindern kleine Pferdchen geschenkt. Als sie sich in mein Auto setzte, mischte sich der Duft von Veilchen mit dem von Alex' Rasierwasser. Mich störten jetzt die Flecken auf dem Rücksitz meines Wagens, hätte ich sie doch vorher wegshampoonieren lassen, damit meine Kinder in ihrer festlichen Kleidung nicht mit irgendwelchen Krusten in Berührung kamen!

Auf der Fahrt zur Feier herrschte eine noble Heiterkeit, wir benahmen uns alle würdevoller als sonst. Dann Ankunft vor der Fabrik, es hatte sich hier schon eine lange Reihe von Gästen gebildet, die auf den Einlass warteten, Väter, Mütter, Großeltern in ihren besten Stoffen. Von allem nur das Beste wurde hier gezeigt: die teuerste Handtasche, die man besaß, die schönsten Schuhe, die kostbarsten Ohrringe, das maßgeschneiderte Sakko. Dazu die Düfte aus den Flakons, die man nur ein- oder zweimal im Jahr öffnete. Und viele kleine Brüder und Schwestern in Sonntagskleidung. Und natürlich die zu Feiernden, denen dieser Abend gehörte: die Abiturienten. Sie waren alle schön. Sie leuchteten alle. Mit angehaltenem Atem standen sie im Zentrum der Aufmerksamkeit. Sie lächelten, wenn die Eltern sie anschauten, und untereinander kicherten sie, sie steckten die Köpfe zusammen, flüsterten. Die Jungs probierten aus, wie es sich anfühlte, mit der Hand in der Hosentasche über allem zu stehen. Die Väter traten einen Schritt auf sie zu und fotografierten sie, und das nahmen die Jungs und die Mädchen sehr ernst. Es ging bei diesen Fotos um etwas. Sie besaßen eine höhere Bedeutung als das sonst übliche Selfiegeklicke oder die Fotos an einer Party.

Der Einlass ging stockend voran, ohne dass man hätte erkennen können, warum. Und je länger wir hier draußen nur Schritt für Schritt vorankamen, desto deutlicher wurde die Körnigkeit dieser Menschengruppe. Aus statistischer Sicht war die Hälfte der hier versammelten Elternpaare geschieden; ich bildete mir ein, dass man es ihnen auch anmerkte. Insbesondere manche Väter wirkten, als habe man ihnen gestern eins über den Schädel gezogen und als kämen sie jetzt neben ihrer Ex-Frau wieder zu Bewusstsein. Ja, sie waren hier, aber wenn sie nicht fotografierten, wenn es nichts an der Kamera einzustellen gab, schienen sie sich zu fragen, wie sie hierhergekommen waren.

Viele der Mütter sprachen ausschließlich mit ihren Kindern oder mit anderen Müttern, die sie von den Elternabenden kannten. Jedenfalls schienen die Fronten der Fremdheit weniger zwischen den verschiedenen Familien als mitten durch sie zu verlaufen. So war es ja auch bei uns. Ich stand hier neben Bea, hätte aber neben Johanna stehen sollen.

Schritt für Schritt bewegten wir uns auf den Schlund zu, auf das Hallentor, vor dem eine Sicherheitskontrolle stattfand. Ein Security-Mann durchsuchte die Handtaschen der Damen, es wurde nach Waffen gesucht, wonach sonst? Ich hielt vergeblich Ausschau nach Johanna, Tobias und Grübchen, weder vor noch hinter uns in der Schlange waren sie zu sehen. Ich rief mir den Plan in Erinnerung: dass man sich begrüßt, bevor man sich an die Tische setzt. Gegenseitiges Sich-Vorstellen im Stehen und dann getrennt zum jeweiligen Tisch gehen, Johanna und die Ihren, ich und die Meinen. Die Ihren, die Meinen! Ich gehörte zu den Ihren, nicht Rolf, sie zu den Meinen, nicht Bea. Aber man musste an die Kinder denken. Aus ihrer Sicht, und nur die zählte heute, waren eben nicht dieselben die Ihren wie für Johanna und mich. Für die Kinder waren ihre Eltern siamesische Zwillinge.

Ich sah nun hinter der Abschrankung neben dem Hallentor Rolf. Die Fotografen stellten vor dem Eingang zum Restaurant eine Fotowand auf, und Rolf schaute ihnen dabei zu und rauchte einen Zigarillo. Er hatte also die Türkontrolle schon passiert. Johanna auch? Aber sie waren ja nicht gemeinsam gekommen. Das hoffte ich zumindest. Oder doch? War Johanna eventuell auch schon drin?

Ich schrieb ihr eine SMS: *Wo bist du?*

Fast am Ende der Wartereihe entdeckte ich jetzt Olaf, ohne die schöne libanesische Schauspielerin, für die er sich von Jadwiga getrennt hatte, die mit ihren Eltern und ihrer Tochter Cristina ein paar Gäste hinter uns stand. Cristina war die Bedauernswerteste von uns allen. Sie sah sehr hübsch aus in ihrem hellblauen Taftkleid, aber die Regelung lautete bekanntlich, dass Cristina die eine Hälfte des Abends am Tisch ihrer Mutter verbrachte und die zweite an dem ihres Vaters. Ihre Mutter hatte ihr außerdem verboten, mit dem Vater auch nur ein Wort zu wechseln, bevor dessen Hälfte des Abends angebrochen war. Nora hatte mir von Cristinas Tränen erzählt, als sie ihr dies anvertraute. Ihrer Mutter zuliebe wolle sie sich daran halten, habe Cristina gesagt, obwohl sie es schrecklich finde.

Nora stellte Cristina und Alex einander vor, danach kam Alex wieder nach vorn zu mir und Bea, und Nora blieb bei Cristina. Ich konnte nicht hören, was gesprochen wurde, aber ich glaube, Nora versuchte, Cristina zum Lachen zu bringen. Ihr Vater stand keine zwanzig Meter hinter ihr und schaute kaum von seinem Handy auf. Schrieb er seiner Schauspielerin? Jadwiga zupfte etwas von Cristinas Kleid, und ich sah, wie Cristina von ihr wegrückte, damit sie es bleiben ließ. Dann zog Cristina ihr Handy aus der Handtasche, und sie und Nora traten einen Schritt beiseite und steckten über dem Display die Köpfe zusammen. Olaf blickte nun in ihre Richtung, und nun begriff ich: Er hatte seiner Tochter an Jadwiga vorbei eine SMS geschrieben.

Keine Antwort von Johanna auf mein *Wo bist du?*.

Der Security-Mann blickte in die Taschen, die ihm die Mütter hinstreckten. Ich fragte mich, wie viele der Ex-Paare hier Vereinbarungen getroffen hatten, ähnlich der zwischen Jadwiga und Olaf. Sicherlich gab es viele rote Fähnchen, die flatterten, um anzuzeigen: STOPP! Wir alle, die zu der statistischen Hälfte der Geschiedenen gehörten, mussten uns streng an die Pläne und Versprechen halten, denn es war der Abend der Kinder, nicht unserer, es galt, sich dies immer wieder zu vergegenwärtigen. Wir durften nicht ihre Feier durch unsere Zerrüttungen stören, das war letztlich die einzige Regel. Ich sah die Mütter nach der Taschenkontrolle durch das Hallentor treten und war mir sicher, dass viele von ihnen dieses Tor so wie ich als Eingang zu einer anstrengenden Welt empfanden, in der Zerbrochenes für die Dauer eines Festes wieder zusammengesetzt werden musste.

Endlich waren wir an der Reihe, von dem Tor verschluckt zu werden. Der Security-Mann warf einen Blick in Beas Tasche. Vielleicht befand sich darin Plastiksprengstoff? Das war ein vermeintlich unsinniger Gedanke. Aber andererseits hatte ich keinen Einblick mehr in Beas Leben. Ich wusste nicht, ob sie glücklich war oder sich einer terroristischen Gruppe angeschlossen hatte. Ich sah, wenn ich an Bea und mich dachte, den steinernen Tempel einer untergegangenen Zivilisation vor mir, den Schlingpflanzen und Wurzeln überwuchert hatten und der einst auf einer Lichtung gestanden hatte, umgeben von einem Ritualplatz, den aber nun der Dschungel sich einverleibt hatte. Es gab schon lange niemanden mehr, der die breiten Treppenstufen von Moosen und Flechten befreite oder die Wurzeln von Sprösslingen ausriss, die sich in den Fugen zwischen den Steinquadern festsetzen wollten. Wer weiß, was in diesen sich selbst überlassenen Gemäuern alles vor sich ging. Wo früher Gläubige sich Glück und reiche Ernte erbeten hatten, zischten jetzt Schlangen.

Ja, so war es: Bea war für mich zu einem Relikt geworden. Ich wusste nicht einmal, ob sie einen Freund hatte. Zwar hätte ich es von Nora erfahren, wenn es so gewesen wäre – aber vielleicht behielt Bea es lieber für sich? Vielleicht wusste Alex es, aber Nora nicht, oder beide nicht, weil Bea sich noch nicht sicher war, ob es ernst genug war, um den Mann ihren Kindern vorzustellen. Ich hatte eine klare Erinnerung an jene Bea, mit der ich zusammengelebt hatte. Aber über die Veränderungen in ihrem Leben war ich nicht unterrichtet, und da dies gegenseitig war, empfanden wir beide es als irritierend, jetzt hier nebeneinanderzustehen. Wir waren beide füreinander Relikte geworden, und deshalb empfanden wir es als sonderbar und verwirrend, nun Seite an Seite durch das Hallentor zu treten.

Cristinas Wunsch

Ich war darauf gefasst gewesen. Aber als es dann wirklich geschah, traf es mich unvorbereitet: Da war Johanna. Sie stand im Vorraum der Halle, glänzend, nicht einfach nur zurechtgemacht und gut angezogen, sondern umstrahlt von allem, das mir an ihr gefiel. Und sie hatte uns schon gesehen, sie richtete ihren Blick auf uns, wie mir schien von einer Anhöhe herab. Es kam mir vor, als würden Bea und ich zu ihr hochsteigen, und dieser imaginäre Aufstieg dauerte lange und war beschwerlich. Als wir endlich bei Johanna ankamen, ging wiederum alles so schnell, dass ich mich nicht erinnern kann, ob Bea und Johanna mehr als ein *Hallo!* austauschten. Ich erinnere mich an ein Händeschütteln der beiden, aber nicht, ob auch Alex Johanna die Hand gab. Ich weiß nicht mehr, ob ich Alex und Bea und Johanna und Tobias und Grübchen einander vorstellte. Ich erinnere mich, mit Johanna leise ein paar Worte gewechselt zu haben, und ich glaube, ich machte ihr, als Bea und Alex außer Hörweite waren, ein Kompliment für ihr Kleid. Ich erinnere mich, dass Bea zu Alex sagte: »Hübsch.« Ich weiß aber nicht, ob sich das auf Johanna bezog. Diese Begegnung zwischen Johanna und Bea, die mir wochenlang Sorgen bereitet hatte, hat in meiner Erinnerung einen Klang: *Wusch!* Ein Schnellzug raste vorbei, blies mir die Haare nach hinten und war weg.

Wir betraten nun den Saal, der in ein milchiges, bläuliches Licht getaucht war; die stählernen Deckenstreben mit den Aufhängungen für Fabrikkräne erinnerten noch an den früheren Zweck des Gebäudes. Man hatte große, runde Tische aufgestellt, an vielen saßen bereits die diesem Tisch Zugeordneten. Ich entdeckte Lukas' Mutter an einem Tisch in der Nähe des Buffets, das war also unserer.

Förmliche Vorstellung von Bea und Alex einerseits und Lukas, seiner Mutter, seinem Vater, seinen Großeltern andererseits. Das Wort *Schicksalsgemeinschaft* fiel, und man lachte ein wenig. Die Sitzordnung ergab sich. Alex setzte sich, was mich erstaunte, neben mich, Bea gleichfalls. Nora setzte sich zwischen Alex und Lukas' Vater, neben dem seine Frau saß und neben ihr Lukas. Dies war für Lukas und Nora an dem runden Tisch die geometrisch günstigste Sitzposition: Sie saßen weit genug auseinander, um nicht miteinander sprechen zu müssen, aber in stumpfem Blickwinkel zueinander. So konnten sie relativ frei den Kopf drehen, ohne einander zu sehen.

Johanna, Tobias, Grübchen und Rolf saßen vier Tische entfernt von uns, Johanna mit dem Rücken zu mir. Ob das absichtlich geschehen war, weiß ich nicht. Es spielte für mich keine Rolle, denn ohnehin musste ich mich zur Seite lehnen, um Johanna von meinem Tisch aus überhaupt sehen zu können. Vor allem Bea versperrte mir den Blick auf Johanna. Rolf konnte ich von meinem Platz aus hingegen übertrieben gut sehen. Sein Gesicht spiegelte, was Johanna gerade sagte. Ich konnte erkennen, ob sie gerade etwas Witziges zu ihm gesagt hatte und wann es wieder ernst wurde – viel zu selten übrigens. Schon bei meinem ersten längeren Hinüberschauen sah ich Rolf für meinen Geschmack zu häufig lachen. Weshalb legte es Johanna darauf an, ihn zum Lachen zu bringen? Natürlich, sie *war* geistreich und eloquent und zu köstlichen Gedankengängen fähig: aber warum jetzt? An der Zeugnisverleihung hatten Johanna und Rolf nur Telegrammsätze ausgetauscht. Aber jetzt lachte er angeregt und strich sich die Haare aus der Stirn, und ihre Hand beschrieb Kreise in der Luft, während sie mit ihm sprach. Ich hoffte, dass sich das legte, sobald Davids Eltern, mit denen Johanna ja den Tisch teilte, sich am Gespräch beteiligten und es durch ihre, wie man hörte, eher schwerfällige Art bremsten.

Ich versuchte nun, fast aus Trotz, mit Bea ein Gespräch in Gang zu bringen. Aber die Themen trockneten im Nu aus, und es musste ständig ein neues her, das dann auch wieder nach ein paar Sätzen verdunstete. Glücklicherweise gab es ein Programm. Evren, jener Schüler, der sich mit der Tischordnung herumgeplagt hatte, klopfte aufs Mikrofon und kündigte an, es werde in Kürze zunächst eine Gesangsdarbietung geben. Danach werde der Klassenlehrer der 10b, Herr Lukaschek, eine Rede halten. Im Anschluss daran Eröffnung des Buffets.

Wir klatschten.

Lukas' Großvater fragte Bea, ob sie eigentlich Hochdeutsch verstehe. Als sie dies bejahte, fragte er sie, ob sie wirklich alles verstehe, was hier gesagt werde.

Ich sah Rolf in Bewegung: Er ging an der Getränketheke und den Fotografen vorbei, die auch hier ihre weißen Fotowände aufgestellt hatten, um den Abiturienten mit Erinnerungsfotos das Geld aus der Tasche zu ziehen. Rolfs Ziel war die Terrasse, sicherlich wollte er dort einen Zigarillo rauchen. Bea sprach mit Lukas' Großvater nun mit Interesse über allemannische Dialekte, die Gelegenheit war also günstig für mich. Ich entschuldigte mich, ich sei gleich wieder da, und ging hinüber zu Johannas Tisch. Ich hatte ein starkes Bedürfnis, mich dort zu zeigen, damit Davids Eltern, die ich nicht kannte, sahen ... nun, damit sie sahen, dass *ich* mit Johanna zusammen war.

Ich beugte mich über Johanna, küsste sie auf die Wange. Sie entzog sich dem Kuss ein wenig und sagte *Na? Und? Alles schön bei euch?* Ich stellte mich Davids Eltern nicht vor, und Johanna tat es auch nicht. Sie und ich wechselten ein paar Worte nur um des Sprechens willen, aber mir genügte es, einen Moment hier zu stehen, mit der Hand auf ihrer Schulter.

Ich holte mir dann an einem langen, mit Gläsern und Flaschen vollgestellten Tisch bei einer hübschen Cateringangestellten ein Bier. Ich fragte sie, ob sie hier jemanden kenne, und sie sagte: »Oh ... nein, leider nicht.« Ich sagte: »Nun kennen Sie ja mich«, und sie lächelte milde.

Mit dem Bier ging ich zurück zum Tisch, der

mir nichts bedeutete. Ich saß nur wegen Nora hier und wegen Alex, in dieser Reihenfolge. Alle anderen an diesem Tisch waren für mich dasselbe wie für die junge Frau vom Cateringservice. Ich umarmte Nora und gratulierte ihr zum bestandenen Abi, aber eigentlich ging es mir nur um die Umarmung. Am liebsten hätte ich meine Arme weit ausgestreckt und sie beide umfasst, Nora und Alex, so wie man als Kind einen dicken Schneemann umarmt, bis einem die Luft wegbleibt.

Dann Gespräch mit Alex. Ich fragte ihn nach dem Fortgang seines Studiums. Er erzählte mir, er überlege sich, eine Doktorarbeit zu schreiben, Medienrecht. Er erzählte es mir, wie er es jedem erzählt hätte, der ihn nach seinem Studium fragte. Der Cateringangestellten hätte er es im selben Tonfall erzählt, so als gebe es keine Vorgeschichte, durch die alles, was man tut und sagt, in einem anderen Licht erscheint. Alex benahm sich, als gebe es kein anderes Licht. Er erzählte von seiner Doktorarbeit, und ich dachte: Wie geschickt er eine Versöhnung unmöglich macht! Er hätte jetzt Gelegenheit gehabt, mir Vorwürfe zu machen, weil ich ihn nach der Scheidung verlassen hatte. Er hätte mich jetzt spüren lassen können, wie übel er mir das nahm. Er hätte mich ja nicht anschreien müssen. Er hätte leise, flüsternd, mit mir streiten können, Nora hätte nichts davon mitbekommen. Sie war ohnehin gerade drüben bei Cristina an deren Tisch. Es wäre nach so vielen Jahren des Schweigens, der Wut, des Schmerzes der Moment gewesen, jetzt, da er neben mir saß, es mir ins Gesicht zu sagen, und er hätte es auch schon zuvor tun können, es gab zuvor schon Gelegenheiten: Als ich ihn und Bea ins Hotel fuhr. Vor dem Hotel. Im Foyer des Hotels. Oder als wir draußen vor dem Eingang auf den Einlass warteten. Oder ganz am Anfang, in Noras Wohnung: Dort hätte er mich in Noras Zimmer ziehen, die Tür schließen und es mir ins Gesicht sagen können.

Aber dadurch wäre eine Versöhnung möglich geworden, eine Umarmung nach heftigem Streit, ein Aufgeben aus Erschöpfung und weil man dem anderen endlich nicht mehr gram sein müssen will. Gerade um die Versöhnung zu verhindern, machte Alex höflich Konversation mit mir. Er blieb vorsätzlich freundlich. Er lachte sogar über meine Scherze, und Scherze machte ich, weil ich ein Idiot war und nicht merkte, dass seine Freundlichkeit und sein Lachen keineswegs Anzeichen einer Versöhnung waren, sondern im Gegenteil eine Taktik, um sie unmöglich zu machen.

Evren und Cristina betraten nun die Bühne – aha, ein Moderatoren-Paar führte also durch den Abend!

Sie begrüßten die Gäste und hatten einen scherzhaften Dialog einstudiert. Evren kündigte den ersten Programmpunkt an: Jene Annika, die schon an den Schul-Weihnachtsfeiern jeweils aufgetreten war, würde ein Lied singen. Cristina dankte zuvor dem Tontechniker und übergab der Sängerin das Mikrofon. Ich war sicherlich nicht der Einzige im Saal, der das Lied an den ersten Gitarrenklängen erkannte.

Old man look at my life
I'm a lot like you were.
I need someone to love me
the whole day through
Ah, one look in my eyes
and you can tell that's true.

Diese Annika besaß wirklich eine sehr ausdrucksvolle Stimme, und so war der Applaus des Saals ehrlich. Nach dem Lied suchten alle nach den Fäden des Tischgesprächs, das durch die Sängerin unterbrochen worden war, und wenn man nicht mehr an das vorherige Gespräch anknüpfen konnte, kam man auf etwas Neues zu sprechen, so auch Lukas' Großvater. Er beklagte sich über die Tendenz der Paare heutzutage, sich schon beim geringsten Problem zu trennen. Aber die Ehe brauche einen langen Atem. Dieser sei auch schon vor der Ehe, in jungen Jahren, eine Voraussetzung für menschliche Zuverlässigkeit. Vor allem die Mädchen würden aber dieser Tage zu schnell aufgeben, sobald die ersten Problemchen auftauchten. Er sagte dies mit Blick auf Nora, die es sich halb belustigt, halb ungläubig anhörte. Sie schaute mich an, und ich konnte ihr stummes *Häh???* hören.

»Wenn zwei Menschen sich verbinden«, sagte der Großvater, »kann nicht immer die Sonne scheinen.« Aber man müsse eben lernen, auch mal die Zähne zusammenzubeißen, wenn einem etwas nicht passe.

»Ist ja gut, Norbert«, sagte Lukas' Großmutter und tätschelte die Hand ihres Mannes.

»Ich sage nur, wie es ist«, sagte er. »Ich bin ein Ehrlichkeitsfanatiker. Das ist nicht mehr der Zeitgeist, das weiß ich schon. Heute wollen alle tolerant sein. Nur nicht sagen, was man denkt. Sondern immer schön tolerant bleiben. Heute mit diesem, morgen mit einem anderen, wie es einem gerade passt. Man ist ja tolerant. Aber ich finde es nun mal schade«, sagte er zu Nora, »ihr habt euch doch so gut verstanden! So was wirft man doch nicht einfach so weg wie einen alten Schuh.«

»Norbi, jetzt lass mal gut sein!«, sagte Lukas' Vater. »Jetzt noch mal wegen dem Motor von deiner Garagentür: Hat dir Heinz das Ersatzteil vorbeigebracht? Ich hab's ihm letzte Woche extra noch mal gesagt.«

»Ja, hat er«, sagte der Großvater. »Aber jetzt geht's hier um die beiden Kinder.« Er leerte sein Weinglas und nicht das erste.

Bea nahm Nora in Schutz: Von jemandem in ihrem Alter solle man noch nicht gleich ewige Treue verlangen. Aber bedenklich sei – »und da gebe ich Ihnen recht« –, dass viele sich nicht mehr die Mühe machten, eine Ehe zu retten. Zu schnell werde eine Ehe aufgegeben. »Nach dem Motto«, sagte sie, »wenn es nicht mehr klappt, starte ich eben eine neue Beziehung.«

Alex schaute mich an.

Lukas' Großvater pflichtete Bea mit dem Zeigefinger bei, den er in der Luft hin- und herschwenkte: Das habe alles mit der Antibabypille begonnen, sagte er. Er habe das kürzlich im Internet nachgelesen: In den 60er-Jahren habe die Scheidungsrate in Deutschland bei zehn Prozent gelegen. Dann sei die Antibabypille erfunden worden, und seither gebe es jedes Jahr mehr Scheidungen. Heute würden bereits fünfzig Prozent aller Ehen geschieden.

»Das ist leider so«, sagte Bea. Es liege ihrer Meinung nach aber nicht an der Pille, sondern an der fehlenden Bereitschaft, sich mit dem Partner auseinanderzusetzen, mit ihm gemeinsam Lösungen zu finden. Eine Beziehung sei etwas Lebendiges, sie brauche Nahrung und Pflege und notfalls gewissermaßen medizinische Hilfe. Aber manchem sei das eben zu anstrengend: »Patient gestorben. Der Nächste bitte!«

Mit einem Gongschlag wurde das Buffet eröffnet, und bevor der Ton verhallt war, stand ich mit einem Teller in der Hand vor den Speisewärmern. Es schien vielen zu gehen wie mir: Sie strömten von den Tischen, an denen wohl manches Gespräch jetzt schon heikel geworden war, dankbar zu den Töpfen.

Sherin und Tobias gehörten aus anderen Gründen zu den Ersten, die sich hier versammelten. Sie tuschelten und küssten sich verstohlen. Als sie mich sahen, nickten sie mir zu und hofften, dass ich mich nicht zu ihnen gesellte und ihnen den kurzen Moment raubte, in dem der Onkel Sherin nicht beaufsichtigte. Er saß recht weit weg an seinem Tisch, mit Sherins Bruder und ihrer Mutter, die wieder ihr schönes afghanisches Kleid trug, und mit zahlreichen Verwandten. Vorhin beim Bierholen war ich an diesem afghanischen Tisch vorbeigekommen, an dem sie Ellbogen an Ellbogen saßen. Es war der Tisch mit bei Weitem den meisten Leuten und der einzige, an dem nur eine Familie saß, da gab es nichts Zusammengewürfeltes. Der Preis für diese Einigkeit mochten die Kopftücher sein und eine Sitzordnung nach Geschlecht, die allerdings nicht konsequent eingehalten wurde: Zwei Frauen ohne Kopftuch saßen sogar jeweils zwischen zwei Männern. Ich dachte an meine Tanten Sonja, Maria, Cornelia, den Onkel Peter, den Onkel Luigi, den Onkel Heinz: Warum waren sie eigentlich nicht hier? Nora war ihre Großnichte oder Nichte zweiten Grades, ich kannte nicht einmal die korrekte Bezeichnung. Die Antwort war einfach: Meine Tanten und Onkel waren nicht hier, weil sie Nora zuletzt vor zehn oder zwölf Jahren gesehen hatten und vorher auch nicht mehr als ein Mal. Ich hatte sie außerdem nicht eingeladen, auch deswegen waren sie nicht hier. Sie wussten nicht einmal, dass Nora das Abitur bestanden hatte, deshalb waren sie nicht hier. Selbst wenn sie es gewusst hätten, wären sie nicht gekommen: zu beschwerlich die Reise, zu teuer. Warum aber war mein Bruder nicht hier, Noras Onkel? Warum Beas zwei Schwestern nicht, ihre Tanten? Hier galt nicht: zu beschwerlich. Sie waren alle noch keine sechzig. Und zu teuer: Für keinen von ihnen war das ein Problem. Aber ich hatte meinen Bruder gar nicht erst eingeladen und Bea ihre Schwestern nicht, wir hatten es beide aus denselben Gründen unterlassen: weil sie sich über unsere Einladung gewundert hätten und wir uns über ihre Zusage. Sie hätten Ausreden gesucht und abgesagt oder sich genötigt gefühlt, zu kommen – beides hätte unnötigerweise allen vor Augen geführt, wie es um diese Familie stand. Wir hatten sie nicht eingeladen, weil es unnötig war. Nora fiel die Abwesenheit ihrer Tanten und Onkel gar nicht auf. Sie wäre so viel Familie gar nicht gewohnt gewesen. Meinen Bruder hatte sie an seinem fünfzigsten Geburtstag vor drei Jahren zuletzt gesehen und vorher, als meine Mutter noch lebte, einmal jährlich zu Weihnachten. Nora hätte das Erscheinen ihrer Tanten und Onkel auf ihrer Abifeier ziemlich *strange* gefunden, sie hätte gar nicht recht gewusst, was da plötzlich los war.

Es war schrecklich. Niederschmetternd. Wie schafften die Bakhtaris das? Welchen Trick wandte Sherins Familie an, um hier so vollzählig an einem Tisch zu sitzen? Oder war es vielleicht nur eine numerische Täuschung? Möglicherweise hatte Sherin doppelt so viele Onkel und Tanten wie Nora, und vielleicht war die Hälfte von ihnen *nicht* gekommen – dann waren in Wirklichkeit nicht mehr Verwandte von Sherin da als von Nora, es sah nur so aus.

Ich häufte Speisen aus den Wärmern auf meinen Teller, die verschiedenen Saucen vermengten sich zu einer neuen, die niemand wollte. Johanna saß, wie ich sah, mit Grübchen allein an ihrem Tisch, ohne Rolf, Tobias, David und seine Eltern, die sich wahrscheinlich am Buffet versorgten. Es war ein günstiger Moment. Ich ging zu ihr rüber, um ihr ein paar Minuten nahe zu sein. Sie sagte, ich solle mich doch kurz setzen. Aber der Stuhl neben ihr gehörte Davids Vater, sein Brillenetui lag neben seinem halb vollen Weinglas, seine zerknüllte Serviette besetzte den Platz. Beim Stuhl gegenüber sah ich die längliche Zigarilloschachtel, einen Autoschlüssel und Rolfs Fotoapparat und daneben eine mit einer roten Zierschlaufe dekorierte Champagnerflasche, die bestimmt Tobias gehörte, da lag auch sein Handy.

»Was ist denn?«, fragte Johanna. Aber ich konnte mich hier nirgends setzen. Im Stehen fragte ich sie, ob Sherins Onkel sich ihr eigentlich vorgestellt habe? Johanna murmelte ein Nein.

»Und ihre Mutter?«, fragte ich.

»Ja natürlich«, sagte Johanna. »Wir haben uns sehr nett unterhalten.«

Wir redeten über das fade Essen.

Dann sagte ich: »Das hier ist alles sehr merkwürdig.«

»Ich weiß«, sagte Johanna und nahm meine Hand.

Widerwillig kehrte ich an meinen Tisch zurück. Dort unterhielten Bea und Lukas' Großvater sich jetzt über Korfu und allgemein über Ferien in Griechenland: ein weites Feld. Man hätte mir ein Bier gebracht, schwarz gekleidete junge Damen vom Cateringservice schwirrten zwischen den Tischen herum, ich hätte nur zu winken brauchen. Mir war aber danach, es selbst zu holen, ich hatte das Bedürfnis, unterwegs zu sein. Wenn ich unterwegs war, fiel der Abend mir leichter.

Auf dem Weg zum Getränketisch mit der hübschen Bedienung kam ich an Cristinas Tisch vorbei. Die Stimmung dieses Tisches sprang einen an und keuchte *Wir sind nicht glücklich!* Jadwiga und ihre Eltern blickten mich an, als sei ich schuld. Ich lächelte, und sie zwangen sich zu einer dünnlippigen Erwiderung. Cristina tippte auf ihrem Handy, und ich war plötzlich sicher, dass sie ihrem Vater Olaf schrieb, der fünf Tische von ihr entfernt saß, in Gesellschaft von Leuten, die ich nicht kannte. Er wartete auf seine Hälfte des Abends. Und tatsächlich zog er sein Handy aus der Innentasche des Sakkos und las. Sie simsten einander, über eine Luftlinie von fünfzig Metern. Denn bestimmt schenkte Jadwiga ihm keine Minute und ließ Cristina erst beim Glockenton frei.

»Noch ein Bierchen?«, sagte die hübsche Bedienung. Ich stellte mir vor, wie ich mit ihr abhaute, jetzt gleich, irgendwohin. Eine lange Nachtfahrt, bis die Sonne aufging, vielleicht an der polnischen Ostsee, und dann der verschlafene Nachtportier eines kleinen Hotels am Meer, der uns das Zimmer aufschloss. Im Zimmer würde es nach Lavendel riechen, und das feinsinnige Porträt einer Frau mit langen Ohrringen und einem veilchenblauen Hut der Belle Époque würde uns das Gefühl geben, an einem Ort zu sein, der keine Absteige ist. Wir würden uns dann gleich am Nachmittag unter den Baldachin legen. Aber später beim Abendessen wären wir beide der Meinung, es sei zu früh gewesen. Nicht zu schnell gegangen, aber eben einfach zu früh gewesen.

»Ja bitte«, sagte ich mitten in meine Träumerei hinein, in der ich mich mit ihr bei Vollmond im Park des Hotels spazieren sah.

Ich kehrte mit dem Bier an meinen Tisch zurück, wie vorhin auch schon. Bald würde ich wieder aufstehen, mir wieder ein Bier holen und mich wieder auf meinen Stuhl setzen. Alex ließ sich von Lukas' Vater erklären, warum Udo Lindenberg dauerhaft im Hotel wohnte. Bea fotografierte Nora und zwei andere Abiturientinnen, die Nora an ihrem Tisch besuchten, und dann betraten Evren und Cristina wieder die Bühne. Evren kündigte den Tanzteil des Abends an. Die Väter sollten mit den Töchtern, die Mütter mit den Söhnen tanzen. »Und wer tanzt mit der Oma?«, rief jemand und erntete Gelächter.

Die Musik: Walzer. Evren gab dem Techniker ein Zeichen, und er spielte die ersten Takte der *Schönen Blauen Donau* ab.

»Zu dieser Musik wird getanzt«, sagte Evren, als sei Walzer etwas, auf das man sich innerlich vorbereiten muss. Er übergab Cristina das Mikrofon, und sie trat einen Schritt näher an den Bühnenrand, strich sich eine Haarsträhne aus der Stirn und schwieg. Erst nach einer Pause, die unsere Ohren öffnete, sagte sie: »Und danach bitten wir die Eltern zum Tanz. Es wäre schön, wenn die Eltern einen Walzer miteinander tanzen würden. Einfach nur ...« Sie hielt das Mikrofon mit beiden Händen. Ein paar Leute klatschten. »Ja, dass sie einfach ein Mal miteinander tanzen«, sagte Cristina. »Danke.«

Bea sagte: »Tja, dann müssen wir wohl.« Das sah ich aber nicht so. Johanna doch hoffentlich auch? Sie würde doch wohl nicht mit Rolf tanzen? Ich sagte zu Bea, Cristinas Aufforderung zum Elterntanz richte sich an die Verheirateten, nicht an die Geschiedenen.

»Das ließ sie aber offen«, sagte Bea. »Sie hat es nicht eingeschränkt. Sie sagte: Die Eltern sollen tanzen.«

»Du weißt doch, was ich meine!«, sagte ich.

»Nein, aber ich weiß, wie schlecht du tanzt«, sagte sie. »Also mach dir keine Sorgen. Ich werde nicht darauf beharren.«

»Du tanzt doch auch nicht gern«, sagte ich.

»Ach, das kommt ganz darauf an«, sagte sie. Aber worauf denn? Ich versuchte mich zu erinnern, ob wir je miteinander getanzt hatten.

Nun sagte Alex, er habe uns noch nie miteinander tanzen gesehen. Einmal im Leben müsse man doch seine Eltern tanzen gesehen haben, oder nicht?

Ich sagte, da habe er recht, nur könne ich leider nicht Walzer tanzen, ich müsse passen.

»Doch, das würde ich gerne sehen«, sagte er. Ich glaube, er meinte es ernst. Er hätte es wirklich gerne gesehen. Nora setzte ein neutrales Gesicht auf und schwieg, aber sie wich meinem Blick aus. Sie hätte es also auch gern gesehen.

»Jetzt tanze ich erst mal mit Nora«, sagte ich und bat sie um den Tanz. Ich wollte mit ihr auf die Tanzfläche fliehen, wo ich vor Alex Ruhe gehabt hätte. Aber Evren ergriff wieder das Wort, er entschuldigte sich, es sei da etwas durcheinandergeraten. Vor dem Walzertanzen werde der Klassenlehrer der 10b, Herr Lukaschek, eine Rede halten, »auf die wir alle schon sehr gespannt sind.«

Ein Aufschub also –

Herrn Lukascheks Rede war wie eine zu große Portion Schweinshaxe. Man war noch lange nicht am Knochen angelangt, aber bereits bis obenhin satt. Man mochte keinen einzigen Bissen mehr schlucken, aber auf dem Teller lag noch immer so viel Fleisch, dass man sich verpflichtet fühlte, wenigstens einen Teil davon noch in den vollen Magensack zu stopfen. Ich sagte mir: Die Rede kommt vielleicht gerade richtig, ihre Länge löscht die Erinnerung aus. Alex wird vergessen, dass er seine Eltern tanzen sehen möchte. Ich werde mit Nora tanzen und gleich im Anschluss mir bei der schönen Bedienung ein Bier holen und es auf der Terrasse trinken, bis die verheirateten Eltern ihren Walzer fertig getanzt haben.

Ich hätte gern mit Johanna über das Tanzproblem gesprochen, doch während der üppigen Rede konnte ich nicht zu ihr rübergehen, ein Wanderer in der Zuhörerschaft wäre aufgefallen, und außerdem saß Rolf ja bei ihr. Ich hätte es ihr ins Ohr flüstern müssen: *Du tanzt doch aber nicht mit ihm?* Bestimmt nicht. Ebenso wenig wie ich mit Bea. Ich war mir sicher, hätte es aber doch gern von ihr selbst gehört. Nicht aus Eifersucht, das wäre lächerlich gewesen. Es ging mir um den Gleichklang zwischen Johanna und mir im Umgang mit unseren *Exen*. So wie uns beide Sonnenuntergänge mehr bewegten als Sonnenaufgänge und Bach mehr als Mozart, so sollten wir auch beide nicht mit den früheren Partnern tanzen wollen, auch nicht Cristina zuliebe.

Endlich endete die Rede, wofür Herr Lukaschek Beifall erhielt. Ich nahm meine Tochter bei der Hand und führte sie zur Tanzfläche, die sich mit strahlenden Eltern-Kind-Paaren füllte. Ich tanzte zum ersten Mal, seit sie auf der Welt war, mit Nora. Zum ersten Mal hielt ich sie auf diese Weise im Arm. Wir drehten uns in von einem Zwischenschritt durchbrochenen Kreisen, und ich erinnerte mich, wie ich sie nach ihrer Geburt in den Händen hielt, ihr kleines, feuchtes, warmes Gewicht, und wie ich sie später im Zimmer auf und ab trug, um sie schläfrig zu machen, jetzt war sie schon schwerer, und plötzlich stand sie auf ihren Beinen, und ich hob sie an ihren Händen in die Luft, und sie quietschte vor Vergnügen und wuchs und wurde groß genug für die Schaukel: Ich fasste sie um die Hüften und gab ihr Schwung, sie rief *Höher! Höher!* und sauste mit von sich gestreckten Beinen an mir vorbei. Und jetzt diese schöne, förmliche Berührung beim Walzertanzen, leicht meine Hand auf ihrem Rücken. In einer Drehung sah ich Johanna und Tobias beim Tanz, es war wie ein Aufleuchten. Ich drehte mich, und es öffnete sich für einen Moment ein Korridor zwischen den Tanzenden, an dessen Ende ich Rolf am Tisch sitzen sah, neben ihm Grübchen, beide schauten verloren zur Tanzfläche. Nora fasste mich am Kinn und drehte mein Gesicht ihrem zu und beschenkte mich mit einem Maikäferlachen.

Es war alles gut.

Doch nach dem Walzer, als wir uns am Tisch davon ausruhten, betrat wieder Cristina die Bühne. Ihr Mikrofon pfiff. Sie drehte sich zum Techniker um, wartete dann aber nicht, bis er die Rückkopplung behoben hatte, sondern sagte ins Pfeifen hinein: »Und jetzt möchte ich alle Eltern zum Tanz bitten.« Sie fing wieder damit an! »Wir spielen noch einmal einen Walzer, wir haben noch eine ganze CD.« Sie räusperte sich. »Kleiner Scherz«, sagte sie. Ein versprengtes Lachen war zu hören. »Ja, also, ich glaube«, sagte sie, »ich glaube, dass viele von uns, ich meine auch viele meiner Mitschüler, dass sie sich wirklich freuen würden, wenn die Eltern an diesem besonderen Anlass einmal miteinander tanzen. Also ... das wäre wirklich schön.«

Musste ich jetzt mit Bea tanzen, nur damit Cristinas Eltern es auch taten? Ich hätte ihr nichts mehr gewünscht als eine Versöhnung ihrer Eltern, und ich hätte auch gern etwas dazu beigetragen – aber nicht das. Nun forderte aber auch Alex mich wieder auf, seine Mutter zum Tanz zu führen, und Nora nickte dazu.

»Wer macht den Anfang?«, fragte Cristina.

»Wir!«, rief ein Mann. Und dann sah ich sie nach vorn zur Tanzfläche gehen, Rolf und Johanna. Sie machten den Anfang! Er hatte *Wir!* gerufen. Das Wort war Betrug, und er hatte es in den ganzen Saal posaunt.

»Das ist doch deine Freundin?«, sagte Bea.
»Unsere Kinder möchten, dass wir tanzen«, sagte ich.

Sie spielten noch einmal die *Blaue Donau,* aber es war nicht im Geringsten dasselbe. Bea und ich tanzten wie zwei aneinandergebundene Besenstile. Sie blickte über meine Schulter, ich über ihre, ihr Gesicht existierte nicht für mich. Johanna hätte während ihres Tanzes mit Rolf eine Fahne schwenken können, ich hätte es nicht bemerkt, denn ich blickte über Beas Schulter schräg nach unten, um nur die Hosenfalten und nackten Knie der anderen Tanzenden zu sehen, die Rocksäume und Männerschuhe und nicht Johanna in Rolfs Armen. Das wollte ich mir unbedingt ersparen. Einmal geriet Alex in mein Blickfeld: Mit verschränkten Armen saß er auf seinem Stuhl und beobachtete uns. Hinter ihm stand Nora. Sie war extra aufgestanden, um uns besser zu sehen. Sie winkte. Es gibt längere und kürzere Versionen der *Blauen Donau*: Dies war die längste, die je gespielt wurde. Einmal sah ich im Gewirr der Beine Johannas Fuß im glänzenden schwarzen Schuh mit den Stiftabsätzen. Ein brauner Herrenschuh schob sich zwischen ihre Füße.

Das war alles nicht richtig.

Nach dem Tanz, der mich erschöpft hatte, holte ich mir sofort ein Bier.

»Ab 22.00 Uhr kostet es«, sagte die hübsche Bedienung. Beim Lächeln wurde ihr Mund weich und köstlich.

»Es ist erst neun«, sagte ich.

»Ja eben«, sagte sie. »Jetzt kostet es noch nichts. Ich kann Ihnen auch gern kurz vor zehn zwei Biere zapfen.«

Sie war höchstens zwanzig.

»Gute Idee«, sagte ich.

Eine Schaumflocke klebte an ihrem Finger, vom Zapfen. Sie drehte sich von mir weg und dann wieder um, und nun war die Flocke fort. Aber jetzt klebte etwas von dem Schaum an ihrem Mundwinkel.

Ich konnte es nicht glauben.

Diese junge Frau war das Tor zur Freiheit.

»Dann bis kurz vor zehn«, sagte ich.

Ich trat hinaus auf die Terrasse. Es war, als komme man aus der Stadt aufs Land. Hier standen in der Weite wie Bäume in flacher Landschaft einzelne Raucher oder Teile von Familien, die sich hierhin vom Rest der Familie zurückgezogen hatten, um wieder zu Kräften zu kommen. Es wurde leiser gesprochen als im Saal, und der Wind kühlte die Stirn. Da sah ich an einem der wenigen Stehtische Olaf. Er telefonierte und atmete Rauch aus. Sein Gespräch wirkte zärtlich, er murmelte dem Handy Rauchwölklein ins Ohr. Bestimmt war am anderen Ende seine Schauspielerin, die er liebte, weil sie schön war und Bemerkungen machte, die ihn entzückten. War jetzt nicht schon seine Hälfte des Abends angebrochen? Vielleicht auch erst um 22.00 Uhr, wenn das Bier etwas zu kosten begann.

Die typische verschnupft klingende Stimme eines Menschen, der in ein schlechtes Mikrofon spricht, drang vom Saal hier hinaus, es war wohl Evren.

Olaf nickte und lächelte, sog an seiner Zigarette, nickte und sagte etwas mit großer Hingabe. Hatte er mit Jadwiga getanzt? Oder war alles vergeblich gewesen? Sicherlich hatte Cristina sich nach der Verkündigung ihres Wunsches hinter die Bühne zurückgezogen und von dort aus ihren bangen Blick auf die Tanzfläche gerichtet. Aber war geschehen, was sie sich wünschte? Ich sah Olaf dort stehen und dachte: nein. Leider nicht. Man konnte ihm ansehen, fand ich, dass er nicht mit Cristinas Mutter getanzt hatte.

Nun drangen deftige Schallwellen aus dem Saal nach draußen. Und wie ich das kannte! Ta ta taaa, ta ta titaaa, ta ta taaa, tata.

We all came out to Montreux

On the Lake Geneva shoreline
Ian Gillan.
To make records with a mobile
We didn't have much time
Richie Blackmore.
Frank Zappa and the Mothers
Were at the best place around
David Glover. David? Roger Glover. Roger!
But some stupid with a flare gun
Burned the place to the ground

Und wie hieß der Drummer? Ian Paice? Jetzt nicht googeln! Das wollte ich noch allein hinkriegen. Ian Paice? Doch, Ian Paice. So hieß der Drummer.

Smoke on the water, a fire in the sky
Smoke on the water

So viel Rücksichtnahme der Kinder auf den musikalischen Geschmack ihrer Eltern rührte mich.

Es kam nun Davids Vater auf die Terrasse, mit einem vollen Bierglas. Er schien über etwas Wichtiges nachzudenken. Er lehnte sich an die Brüstung und leerte das Glas in zwei Zügen. Unverzüglich verschwand er wieder im Saal und kehrte mit einem neuen Bier zurück. An derselben Stelle, an der er zuvor auf ex getrunken hatte, tat er dies erneut. Als er sich umdrehte, sah er mich, zögerte, trat dann aber zu mir und beklagte sich sofort über das

Buffet. Selbst in der Kantine der Firma, in der er arbeite, sei das Essen besser und koste nicht siebzig Euro. Bei anderen Abifeiern koste der Eintritt nur vierzig Euro. Essen und drei Freigetränke inklusive. Sein Schwager habe ihm das erzählt. Und dann das Lautsprechersystem hier: Siebzig Euro und dann eine so schlechte Tonqualität, man verstehe ja die Hälfte nicht. Die Musik scheppere. So etwas gebe es doch heute gar nicht mehr: so schlechte Boxen, dass die Musik scheppere. Oder höchstens noch in Bulgarien am Goldstrand.

Die arme Johanna!

Ich hatte noch kein Wort gesagt, es war nicht nötig, er sprach, jetzt über die Alkohol-Flatrate ab 22.00 Uhr: viel zu teuer. Immerhin halte es die Kinder davon ab, sich zuzudröhnen, das würden sie ja sonst auf Partys mit Vorsatz tun. Leider auch David. Im letzten Jahr: ganz schlimm. Kein Wochenende ohne Absturz. Komme morgens um fünf auf Deutsch gesagt vom Kinn zur Ferse vollgekotzt nach Hause. Schlafe bis drei Uhr nachmittags und verschwinde um sieben zu irgendeiner neuen Party. Und dann ein Abischnitt von 3,1: »Wenn er mein Sohn wäre, glauben Sie mir, bei mir nicht! Ich hätte ihm fünf Wochen vor den Prüfungen Ausgehverbot erteilt, ohne Diskussion. Aber von mir lässt er sich nichts sagen. Da heißt es dann *Mein Vater ist der Chef, nicht du.*«

Er war nur Davids Stiefvater, das war mir neu. Ich fragte ihn, ob er eigene Kinder habe. Er schüttelte den Kopf. »Oder doch«, sagte er. »Doch, David ist für mich wie mein eigenes Kind. Das ist für mich kein Unterschied. Aber Blut ist dicker als Wasser. Sein Vater kann machen, was er will: David findet immer alles ganz toll. Dabei: Er unternimmt gar nichts mit dem Jungen. Das mache ich. Ich gehe mit ihm angeln. Ich nehme ihn mit zum Gokartfahren. Bei mir hat er Schwimmen gelernt. Aber wenn ich ihm sage, er soll für die Prüfung lernen und sein Zimmer aufräumen, bekomme ich zu hören *Bei Papa muss ich das nicht, Papa sagt, Aufräumen ist Kinderarbeit und Kinderarbeit ist verboten*. So einen Mist erzählt er dem Jungen!« Er machte eine Pause. Dann sagte er: »Man investiert ja eine Menge Zeit. Vom anderen will ich gar nicht reden. So was würde ich nie nachrechnen. Darum geht es gar nicht. Aber ein Kollege von mir sagte mal: ›Als Stiefvater machst du die Arbeit, und der andere kriegt den Lohn.‹«

Ich fragte ihn, ob Davids Vater denn auch hier sei.

»Ach was!«, sagte der Stiefvater. »Für so was hat er keine Zeit.«

Ein Tröpfeln beendete das Gespräch. Ich fand es ohnehin besser, in den Saal zurückzukehren. An der Terrassentür begegnete ich Sherin und Tobias, die in Gegenrichtung unterwegs waren. Ich sagte, es beginne gleich zu regnen. »Kein Problem«, sagte Tobias. Vermutlich kam es ihnen sogar gelegen: Bei Regen waren sie draußen ungestört. Es erklangen gerade die Anfangstakte von *Something,* und ich fragte die beiden, wer eigentlich die Musik ausgesucht habe. Mir war bewusst, dass ich sie aufhielt. Aber ich hatte mit Tobias auf der Feier noch keine drei Worte gesprochen; außerdem interessierte es mich wirklich, ob die Schüler oder nicht doch einer ihrer Lehrer auf die Idee gekommen war, auf der Abifeier Deep Purple und die Beatles zu spielen, Musik aus einer Zeit, die den Schülern historisch vorkommen musste, wie die napoleonischen Kriege. Tobias antwortete, na ja, *Clubmusik* und so werde dann später gespielt, wenn die Party hier ohne die Eltern weitergehe. Den Eltern habe man so was jetzt nicht unbedingt zumuten wollen. Deswegen habe man für sie zum Tanzen diese 70er-Jahre-Sachen ausgesucht. Und das funktioniere ja auch, wie man sehe: volle Tanzfläche.

»Deine Eltern tanzen schon die ganze Zeit«, sagte Sherin.

»Hm. Ja. Scheint ihre Musik zu sein«, sagte Tobias. Er wich meinem Blick aus.

»Sie sind ein schönes Paar«, sagte Sherin.

»Kann schon sein«, sagte Tobias. »Komm jetzt. Bis später, wir gehen dann mal raus.«

»Ja«, sagte ich.

Er zog Sherin etwas zu heftig mit sich, ich hörte sie leise sagen: »Was ist denn?«

Aus der Entfernung schaute ich mir das *schöne Paar* an, das *die ganze Zeit* miteinander tanzte. Es tanzte jetzt aber gar nicht. Es schaute am Rand der Tanzfläche den anderen Paaren zu, die sich zu *Something* aneinanderdrückten. Wie ganz anders die Welt doch aussehen würde, wenn die Menschen sich wie die Pilze asexuell, über das Ausblasen von Sporen, fortpflanzen würden.

Somewhere in her smile she knows
That I don't need no other lover
Something in her style that shows me
I don't want to leave her now

Zum nächsten Song, *Street Fighting Man,* tanzten Rolf und Johanna wieder, in Gesellschaft von nur vier anderen Paaren. Auf der großen Tanzfläche hopsten sie wie auf dem Präsentierteller herum. Nein, sie hopsten nicht. Sie tanzten beide geschmeidig und inspiriert. Johanna liebte das Tanzen, aber sie kam viel zu selten dazu, mit einem Mann, der sich Musik lieber im Sitzen anhörte. Natürlich wusste auch Bea, dass ich nicht gern tanzte. Sie fragte sich aber wahrscheinlich trotzdem, weshalb Johanna endlos mit Rolf tanzte und kein einziges Mal mit mir. Na und? Sollte sie sich doch wundern! Alle, so schien mir, mussten sich darüber wundern. Es wäre andererseits auch nicht angebracht gewesen, wenn Johanna und ich getanzt hätten, vor Beas Augen. Angenommen, Bea wäre liiert gewesen und mit ihrem Freund hier erschienen: Für die Kinder wäre es irritierend gewesen, sie mit ihm und mich mit Johanna tanzen zu sehen. Eng zu tanzen wäre schon gar nicht infrage gekommen, das hätten die Kinder erst recht nicht sehen wollen. Der Zweck dieser Feier war nicht, dass wir Geschiedenen tanzten, weder mit dem Vater oder der Mutter unserer Kinder noch mit unserem neuen Mann oder der neuen Frau. Wir waren nicht hier, um mit unseren Leibern das Drama einer gescheiterten Ehe aufzuführen. Johanna hätte das wissen müssen. Aber jetzt tanzte sie mit Rolf zu *Waterloo,* mit sichtlicher Begeisterung. Mir war der Weg zu meinem Tisch abgeschnitten, denn ich hätte über die Tanzfläche gehen müssen, vorbei an dem *schönen Paar;* das hätte Johanna in Verlegenheit gebracht. Und tatsächlich waren sie ein schönes Paar. Sie hatten sich einst geliebt, und ein Schimmer dieser Liebe war übrig geblieben auf ihren Gesichtern, eine Art sichtbare Erinnerung. Was sie miteinander erlebt hatten, war noch da, wie bei einem Mensch der Nabel, den er nicht mehr braucht, der aber sein ganzes

Leben lang von diesem Wunder zeugen wird. Sie hatten einst zusammengehört und so auch jetzt. In den Herzen von Tobias und Grübchen gehörten sie zusammen, aber auch ein wenig in ihren eigenen Herzen, und das sah man. Ich war nicht eifersüchtig, dazu war ich beim Stafettenlauf der Liebe zu sehr selbst im Rennen. Ich wollte es nur nicht sehen. Ich wünschte mir einen Brand, das hohe Sausen der Brandmelder, das Zischen der Sprinkler, fetten, rußigen Rauch, der über die Tanzfläche kroch, sperrangelweit offene Notausgänge, durch die wir alle in die Nacht hinaus flohen. Ich wünschte mir ein abruptes Ende dieses Abends aufgrund eines Ereignisses, das später in der Erinnerung der Beteiligten alle anderen Ereignisse ausradierte.

Endlich stoppte die Musik, und das Licht wurde sachlicher. Ich wartete, bis Johanna und Rolf an ihren Tisch zurückgekehrt waren, und ging dann zu meinem wie ein Sträfling nach dem Hofgang in seine Zelle. Noras Stuhl war leer, Alex, Bea und Lukas' Mutter schleppten sich durch ein Gespräch über Mietpreise, und Lukas' Großeltern kämpften mit ihren schwer gewordenen Augenlidern.

Evren erklärte auf der Bühne den offiziellen Teil der Feier für beendet. Nun sollte die Party beginnen, auf der die Schüler unter sich weiterfeierten. Die Eltern durften bleiben, wenn sie wollten, aber es machte unter ihnen das Wort *ungestört* die Runde.

»Na, dann wollen wir die Kids mal allein ins Koma fallen lassen«, sagte Lukas' Mutter. Allgemein erhob man sich. Nora flog uns entgegen, sie gab uns allen zum Abschied Rotweinküsse, sie war glücklich beschwipst. Ich wünschte ihr noch einen schönen Abend und sah Rolf zum Ausgang eilen. Im Gehen warf er sich das Sakko über und richtete seinen Kragen. Eine Last wich von mir.

Dann sah ich Johanna. Sie stand mit Grübchen auf der leeren Tanzfläche und wischte ihm etwas vom Hemd. Ein Scheinwerfer war zufällig auf die beiden gerichtet und machte aus der Geste mütterlicher Zuwendung eine melancholische Szene: eine Mutter und ihr Kind, und beide waren auf je eigene Weise allein. Dieser scharfe Kontrast: zuvor die Mutter und ihr ehemaliger Mann beim Tanz. Und nun sie und ihr Kind, das sein Hemd bekleckert hatte. Der Tanz verlor seine Bedeutung. Was für die Mutter zählte, war, ob sie in den Momenten, in denen für das Kind etwas getan werden musste, allein war oder nicht. Und sie war fast immer allein, so wie jetzt gerade auch. Was für sie zählte, war die Gewissheit, dass sie das Kind nachher allein zu Bett bringen, ihm anderntags allein das Nutellabrot streichen und es allein zur Schule fahren würde.

Doch auch dem Kind war das bewusst. Wenn es in der Nacht mit Bauchschmerzen aufwachte, war die Mutter da und der Vater nicht. Wenn es sich mit den Hausaufgaben herumquälte, half die Mutter ihm über die Hürden, denn wenn es beim Vater war, wollte dieser die kostbare Zeit, die er mit seinem Kind verbrachte, nicht mit Alltäglichkeiten verschwenden, und so nahm das Kind zum Vater nie Hausaufgaben mit und begann zu denken, er könne ihm dabei sowieso nicht helfen. Wenn das Kind sich das Sonntagshemd bekleckerte, machte die Mutter den Fleck weg, denn der Vater hatte sich bereits verabschiedet und war auf dem Weg in seine eigene Wohnung. Das Kind hatte zwar eine Mutter und einen Vater, aber so wie es einen Goldhamster und ein Fahrrad hatte. Sein Herz hing an beidem, aber der Hamster und das Rad hatten nichts miteinander zu tun, außer, dass das Kind beide liebte. Es konnte aber nur entweder auf dem Rad herumfahren oder mit dem Hamster spielen. Diese Dinge kamen nie zusammen. Und ich? Dass ich da war, änderte für Johanna und Grübchen nichts. Ich war ein Zuschauer. Ich schaute zu, wie die beiden, jeder auf seine Weise allein, im Scheinwerferlicht auf der leeren Tanzfläche standen und wie sie mit dem Fingernagel etwas von seinem kurzärmligen weißen Hemd kratzte und wie er stillhielt.

Ich trat zu ihnen und sagte, ich werde jetzt Bea und Alex ins Hotel fahren. Johanna sagte, sie werde ein Taxi bestellen. Ein Taxi? Sie sagte, sie sei nicht mit ihrem Auto gekommen. Das hatte ich nicht gewusst. Das Protokoll änderte sich dadurch. Johanna sollte nicht nach der Abifeier ihres Sohns mit dem Taxi nach Hause fahren müssen, obwohl ich hier war und meinen Wagen dabeihatte. Ich sagte, sie und Grübchen könnten selbstverständlich mit mir fahren. *Wenn Bea mit mir fährt, dann sie auch,* dachte ich.

»Ja gern«, sagte sie. »Aber du solltest zuerst sie fragen.«

Ich fragte Bea und Alex, die am Saalausgang schon auf mich warteten, ob sie einverstanden seien, wenn Johanna mitfahre, sie müsse sonst ein Taxi bestellen.

Bea sagte: »Das musst du entscheiden. Es ist dein Auto.«

»Ich würde sie natürlich gern mitnehmen. Sie muss sonst im Taxi fahren«, wiederholte ich. »Aber wenn du lieber nicht möchtest, dann sag es.«

»Es ist doch klar, dass sie mitfährt«, sagte Bea.

»Mir ist das egal«, sagte Alex. »Ich will nur nicht hinten sitzen.«

»Wieso nicht?«, fragte ich.

»Weißt du das etwa nicht mehr?«, fragte Bea. »Hast du das jetzt wirklich auch vergessen?«

»Dein Sohn ist Klaustrophobiker«, sagte Alex.

»Ach das. Ja natürlich weiß ich das«, sagte ich. »Aber das hast du doch nie im Auto gehabt. Du hast es mal in den Ferien gehabt, auf dem Hausboot, in deiner Kajüte. Du hast dann immer draußen geschlafen, hinten im Heck. Hast du es denn jetzt auch im Auto? Vorhin auf der Herfahrt hattest du es aber doch nicht?«

»Ich hatte es schon immer im Auto«, sagte Alex ruhig. »Sobald mehr als drei Leute drin sitzen. Außer in Bussen.«

»Aber wir sind doch zig Mal in die Ferienwohnung nach Barcelona gefahren«, sagte ich. »Immer zu viert. Da hattest du es doch nie.«

»Ihm war immer unwohl im Auto«, sagte Bea. »Du hast es nur nie zur Kenntnis genommen. Weißt du das nicht mehr? Immer wenn es um Barcelona ging, habe ich gesagt: ›Wir möchten lieber fliegen.‹ Nicht nur Alex. Auch ich und Nora wären lieber geflogen. Aber am Schluss fuhren wir immer mit dem Auto hin. Weil du das so wolltest.«

War das so gewesen?

Johanna wartete auf eine Antwort. Sie tröstete Grübchen über seine Müdigkeit hinweg. Er lehnte sich an sie, und sie strich ihm über die Wange.

»Wie auch immer«, sagte ich. »Du kannst selbstverständlich vorn sitzen, Alex. Alles okay? Dann fahren wir jetzt.«

»Sie möchte es nicht«, sagte Johanna, als ich sie holte.

»Doch«, sagte ich. »Sie ist nur müde.«

Wir traten in die Nacht hinaus, und auf dem kurzen Weg zum Auto ging ein Riss durch unsere kleine Gruppe, sie zerfiel in zwei Hälften: vorn Alex und Bea, hinten Johanna, Grübchen und ich. Alex und Bea schritten zügiger aus als wir, sodass der Abstand zwischen ihnen und uns sich kontinuierlich vergrößerte, bis ein Zusammengehören nicht mehr erkennbar war.

Ich stützte Johanna bei ihrem Gang in den hohen Schuhen über das regennasse Kopfsteinpflaster, aber ich legte nicht wie ein Liebhaber den Arm um sie, sondern ich stützte sie wie ein Physiotherapeut. So sachlich die Berührung zwischen Johanna und mir aber auch war: Ich hoffte dennoch, dass Bea sich nicht umdrehte. Denn niemand konnte hier etwas als sachlich empfinden.

Sie und Alex erreichten infolge ihres Tempos als Erste den Wagen, und auf diesen letzten Schritten löste ich mich von Johanna, denn es war absehbar, dass Bea sich während des kurzen Wartens auf uns nur schon höflichkeitshalber nach uns umdrehen würde.

Beim Einsteigen standen Alex und Johanna neben der Beifahrertür. Ich erklärte Johanna, Alex werde vorn sitzen, und sie sagte etwas Freundliches, fand es aber natürlich falsch, hinten neben Bea zu sitzen. Alex sprach freimütig von seiner Platzangst, und plötzlich flatterten bunte Vögel auf und machten alles leichter. Ah, Platzangst! Johanna litt ja gleichfalls darunter. Nicht nur akzeptierte sie jetzt die problematische Sitzordnung, sondern es ergab sich auch ein Gesprächsthema. Schon als ich losfuhr, tauschten Alex und sie Erfahrungen aus, die sie in Kellerabteilen, Propellerflugzeugen, Wohnmobilen und Bahntoiletten gesammelt hatten. Ich konnte mich auf Johanna verlassen: Sie erzählte zwar vom Gefühl der Beengung im Heckbett eines Wohnmobils, aber nicht, dass neben ihr ich gelegen hatte. Alex hingegen erzählte von den endlosen Autofahrten nach Barcelona, die für ihn als Kind immer eine Tortur gewesen seien.

Die Platzangst hielt auf der gesamten Fahrt von der Fabrikhalle zum Hotel ein Gespräch am Leben, das uns vor unangenehmen Momenten der Stille bewahrte. Auf die Schilderung ihrer Erfahrungen folgten die der Taktiken, die Alex und Johanna in panischen Momenten anwandten: *Ja genau, das mache ich auch immer so! Und hast du dann manchmal auch dieses ...* Bea sagte während der Fahrt kein einziges Wort. Grübchen, der hinten zwischen ihr und Johanna saß, befeuerte das Gespräch durch Fragen wie *Habt ihr auch in der Ba-*

dewanne Platzangst?, und ich brauchte nur ein einziges Mal etwas zu sagen, in einer Gesprächspause, die zu lang zu werden drohte: Ich sagte, mein neunmonatiger Aufenthalt im Mutterleib sei die Hölle gewesen. Bea und ich lachten, während Alex und Johanna mir vorwarfen, ich nehme sie nicht ernst. »Du nimmst uns nicht ernst«, sagte Alex. *Uns!* Es war alles gut.

Doch dann kam mit Wucht der Moment, in dem Bea und Alex vor dem Hotel ausstiegen und Johanna und ich uns von ihnen verabschiedeten und wieder ins Auto einstiegen und als Paar wegfuhren. Aus Beas Sicht fuhr ein Auto davon, in dem ihr Ex-Mann und dessen neue Frau saßen, und eigentlich sollte es nicht so sein. Aus meiner Sicht knipsten meine Ex-Frau und mein Sohn im Hotelzimmer das Licht an, schlossen die Tür und waren jeder auf seine eigene Weise allein, während ich und Johanna in meiner Wohnung auf dem Sofa die Köpfe aneinanderlehnten und lange schwiegen. Es wurde nach dieser Feier still bei ihnen und bei uns, und es war die Stille, die jemanden sagen lässt *Hier stimmt etwas nicht.*

Ich hätte gewarnt sein müssen.

DRITTER TEIL
Schlimmster Fall

Am Tag nach der Abifeier holte ich Alex und Bea vom Hotel ab, und wir fuhren mit Nora zum Mittagessen in ein koreanisches Restaurant in Altona. Das Wetter war bläulich, wir saßen draußen unter der Markise, im Zierteich trieb ein ertrunkener Nachtfalter, das Wasser plätscherte. Es war eins meiner Lieblingslokale, und ich empfahl Alex und Bea das *Bulgogi*. Alex bestellte aber *Gun Mandu*, die Maultaschen mit Hackfleisch. Ich sagte, das Restaurant sei berühmt für das Bulgogi, die Maultaschen schmeckten hingegen in anderen koreanischen Restaurants besser. Er bestellte trotzdem die Mandu. Bea entschied sich für das *Chicken Kas*, paniertes Huhn, und als Nora, mit der ich oft hier aß, ihr davon abriet, bestellte sie trotzdem nicht das Bulgogi, sondern irgendetwas anderes, es interessierte mich schon nicht mehr, was.

Zum ersten Mal seit der Scheidung aßen wir vier gemeinsam, wenn man vom Buffet gestern absah, das aber nicht zählte: Heute waren wir eigens zusammengekommen, um miteinander zu essen, nur wir vier, als Familie.

Wir waren alle neugierig, von Nora zu erfahren, wie es ihr gestern auf der Abiparty ergangen war, und sie erzählte uns von den Eskapaden anderer. Sie war erst um fünf Uhr früh heimgegangen, zu Fuß eine Dreiviertelstunde lang, es sei schön gewesen, durch die leeren Straßen zu laufen, aber jetzt habe sie Blasen an den Zehen, auch vom vielen Tanzen in den Stöckelschuhen. Bea nahm es als Stichwort und sagte zu mir, der Ex-Mann von Johanna sei ja ein richtig guter Tänzer. Sie nannte Johanna nicht beim Namen, sie sagte *der frühere Mann deiner Freundin*. Die meisten anderen Männer hätten getanzt wie die Holzklötze. Darüber habe sie sich gewundert. Die Deutschen seien ja sonst lockerer als die Schweizer, beim Tanzen aber noch steifer als diese. Eben mit Ausnahme des *früheren Manns deiner Freundin*. Die beiden seien *richtig in Schwung gekommen*. Jedenfalls habe man diesen Eindruck gehabt.

Ich sagte nichts. Sie meinte es nicht anders, als sie es sagte, das wusste ich, ich kannte sie doch. Sie war nie verletzend geworden, das war nicht ihre Art. Man konnte Bea höchstens vorwerfen, dass sie manchmal unabsichtlich verletzend war und es nicht merkte.

Der Kellner brachte das Essen. Mein Bulgogi war köstlich wie immer. Alex fand seine Mandu *recht gut, aber ein bisschen nichtssagend*. Er sagte: »Ich hätte auf dich hören sollen.« Ich bot ihm mein Bulgogi zum Probieren an. Er hatte tatsächlich *Ich hätte auf dich hören sollen* gesagt. Der Satz wirkte auf mich wie ein Heilkraut, das ich von nun an in ausreichender Menge in einem Lederbeutelchen mit mir führen konnte, und bei Bedarf griff ich mit zwei Fingern hinein und steckte mir das bittere, aber schmerzlindernde Kraut in den Mund. Alex zwickte mit seinen Stäbchen geschickt ein Stück Rindfleisch von meinem Teller – er aß von meinem Teller!

»Oh! Das schmeckt wirklich gut«, sagte er.

Ich schlug vor, dass wir alle uns sein Mundu teilten, jeder solle einen Happen davon essen, dann sei das Zeug weg: »Und für dich bestellen wir Bulgogi.«

Alex war einverstanden. Der Kellner flog zu mir, als ich ihm winkte, und er eilte mit der Nachricht *Bulgogi für den jungen Mann* in die Küche, und sogleich brachte er Alex einen Teller mit dampfendem Rindfleisch, von dem nun auch Bea kostete.

»Ja, stimmt«, sagte sie. »Das ist lecker. Vor allem die Sauce.«

Wir waren vereint. Wir aßen nun alle vier Bulgogi. Aber dann machte ich einen großen Fehler.

Ich fragte Nora, ob sie denn jetzt eigentlich in den drei Wochen vor unserem Urlaub arbeite. Sie verdiente seit einigen Monaten samstags als Bedienung in einem Café ein wenig Geld. Die Schule war jetzt aber zu Ende, es lagen drei Monate bis Studienbeginn vor ihr, und sie hatte mir versprochen, den Chef des Cafés zu fragen, ob sie in dieser Zeit drei Tage die Woche arbeiten könne.

»Ja, ich hab gefragt«, sagte Nora. Aber der Chef sei noch nicht sicher.

»Was heißt das, nicht sicher?«, fragte ich.

»Wohin fahrt ihr denn in den Urlaub?«, fragte Bea.

Ich hätte es nicht erwähnen sollen.

»Nach Barcelona«, sagte ich.

Bea richtete sich auf. »Oho! Nach Barcelona!«, sagte sie. »Mit deiner Freundin?«

»Ja, alle«, sagte ich und fragte Nora nochmals, was das heiße, nicht sicher? Beas *Oho!* klang mir in den Ohren. Nora hatte Bea offenbar nichts von dem Urlaub in Barcelona erzählt: Sie war klüger gewesen als ich. Nora sagte, na ja, sie glaube, die hätten schon jemand anderen. Ich sagte: »Jemand anderen! Klar haben die jemand anderen. Schätzchen, und weißt du warum? Weil du dich einfach zu wenig bemühst. Ich weiß doch, wie du denkst. Du denkst, was soll's, hab ich eben keinen Job, Papa bezahlt ja die Miete, die Krankenkasse und noch dreihundert Taschengeld.« Aber von nun an, sagte ich, müsse sie mehr zu ihrem Lebensunterhalt beisteuern als das bisschen, das sie jetzt verdiene. Wenigstens in der Zeit bis zum Studienbeginn müsse sie dieses und jenes ... und so weiter. Es war das falsche Thema zum falschen Zeitpunkt. Ich sprach auf einer Hochzeit vom nächsten Weltkrieg. Ein Blick in Beas Augen zeigte mir, dass sie immer noch bei Barcelona war. *Mit deiner Freundin?*

»Wie willst du denn jetzt noch einen Job finden«, sagte ich, »jetzt im Sommer?«

Kein Problem, sagte Nora, sie werde schon etwas finden.

»Ich bin nicht knausrig«, sagte ich, »das weißt du. Aber du kennst meine berufliche Situation.«

Ich versuchte, den Urlaub in Barcelona *zuzutexten*. Wir waren hierhergekommen, um nach so langer Zeit wieder einmal als Familie zu essen – und ich sprach über meine Unterhaltszahlungen für Nora. Bea blieb gar nichts anderes übrig, als für Nora Partei zu ergreifen. Sie sagte, sie sei nicht dagegen, dass Nora jobbe. Aber vorschreiben dürfe ich es ihr nicht. Ich sei verpflichtet, für ihren Unterhalt aufzukommen. Und ich könne mich ja wirklich nicht beklagen: »Du kommst ja noch gut weg.«

Ich fragte sie, wie sie das meine, gut wegkommen?

»Eigentlich müsstest du für beide Kinder Unterhalt bezahlen«, sagte sie. »Auch für Alex.«

»Wie kommst du denn jetzt darauf?«, sagte ich. Wir hätten doch vereinbart, dass ich für Nora und sie für Alex aufkomme. So würden wir es doch seit jeher handhaben.

Sie sagte, laut Scheidungsvertrag sei ich aber für beide Kinder unterhaltspflichtig.

»Das hätte ich längst angefochten«, sagte ich, »wenn wir nicht diese private Vereinbarung hätten!«

»Schaut mal, da hinten!«, sagte Nora. »Das gibt's ja nicht! Ein Elefant mit drei Stoßzähnen!«

»Wo? Ach der!«, sagte Alex. »Das ist bloß eine Missgeburt. Kommt bei Stadtelefanten häufig vor.«

Diese Taktik hatten die beiden früher manchmal angewandt, wenn wir uns stritten. Aber Bea und ich sahen den Elefanten nicht.

Ich begann von der Eigentumswohnung in Basel zu sprechen, *die ich dir für ein Butterbrot überlassen habe.* »Wenn sich jemand nicht beklagen kann, dann du«, sagte ich. »Du bist mit dieser Wohnung ziemlich gut weggekommen!«

Sie sagte: »Jetzt fängst du wieder damit an!«

Niemand aß noch. Das Bulgogi wurde auf den vier Tellern kalt. Bea sagte, sie habe mich ausbezahlt, gerecht. Kein Butterbrot, sondern exakt die Hälfte des Schätzwertes der Wohnung habe sie mir bezahlt.

»Aber die Kosten für die Renovierung!«, sagte ich. »Die vergisst du immer. Der neue Küchenboden, die Kacheln im Bad, die Sanierung des Balkons, die Zwischenwände: Das waren fünfzigtausend. Die habe ich bezahlt! Und die neuen Möbel. Das Bett. Auch noch mal dreitausend.«

Ich konnte nicht aufhören.

Sie auch nicht.

Sie sagte, ich wolle jetzt nicht ernsthaft von ihr die Hälfte der Kosten für das Ehebett zurückhaben?

Ich sagte, nein, und sie könne auch die fünfundzwanzigtausend behalten, die sie mir noch schulde. Ich wolle mir nur nicht anhören müssen, ich sei finanziell gut weggekommen.

Sie sagte: »Bist du aber. Und wenn du Geld für einen Urlaub in Barcelona hast, kann es ja um deine Finanzen nicht so schlecht stehen.«

In diesem Moment schrumpfte die Welt auf einen Punkt, in dem es nur noch diesen Tisch gab, an dem wir saßen. Es gab nichts anderes mehr als den Tisch und Bea, die ich einst geliebt hatte und mit der ich jetzt in einer Blase gefangen war, und die Luft wurde knapp. Ich bekam keine Luft mehr, und ich wusste, ich musste aufstehen und aus dieser Blase raus, jetzt sofort. Aus der Blase raus und weg, in mein Auto. Mich in mein Auto setzen und wegfahren, an die Nordsee. Und im nächsten Moment saß ich im Auto und fuhr. Da hielt ich es noch für berechtigt, dass ich ohne ein weiteres Wort aufgestanden und gegangen war: Bea war schuld. Ich hatte einfach nicht mehr mit ihr an diesem Tisch sitzen können. Ich war aus Notwehr gegangen. Doch diese Gewissheit verkehrte sich an der ersten Ampel in ihr Gegenteil: Jetzt war ich sicher, einen schrecklichen Fehler begangen zu haben. Den in dieser Situation schlimmsten Fehler überhaupt: Ich war vom gemeinsamen Tisch aufgestanden und gegangen. Sie blickten mir nach und sahen mich gehen. So wie damals. Als ich nach Hamburg ging und sie zu dritt am Esstisch zurückblieben und auf das leere Bücherregal blickten, denn ich hatte alles mitgenommen. Sie saßen in dem koreanischen Restaurant vor den kalten Tellern, und ich war weg.

Eine Rückkehr konnte es nicht ungeschehen machen. Also fuhr ich weiter. Ich fuhr in eine beliebige Richtung, ich wollte nur nicht anhalten. Eine SMS von Nora erreichte mich: *WAS WAR DAS DENN???* Ich schrieb ihr, es tue mir unendlich leid. Es habe nichts mit ihr zu tun gehabt, auch nicht mit *deiner Mutter* oder Alex, es sei allein meine Schuld. *Aber ich kann jetzt nicht zurückkommen. Erkläre es dir später.* An Ampeln schrieb ich eine SMS an Alex. Ich bat ihn um Verzeihung, es habe nichts mit ihm zu tun gehabt. Aber ich war mir nicht sicher. Ich hätte schreiben sollen *Ich hielt es am Tisch nicht mehr aus. Ich weiß nicht genau, warum.* Ich fuhr Richtung Hannover, dann Fulda, Würzburg, es wurde dunkel. In einer Raststätte trank ich einen schwarzen Tee und schrieb Nora und Alex eine weitere SMS, einige hilflose Sätze. Nora antwortete, Alex nicht. Nora schrieb: *Wenn ich zwei Väter hätte, würde ich es mir vielleicht überlegen. Aber so ... hab dich lieb.* Zwei Männer am Nebentisch glotzten mich an, weil ich mir die Tränen von der Wange rieb. Einer von ihnen hielt den Daumen nach oben und nickte mir zu.

Ich fuhr weiter, auf fast freier Fahrbahn, die mir vorkam wie eine nur für mich in die Nacht gebaute Piste. Garmisch-Partenkirchen, Innsbruck. Johanna rief mich an, ich bildete mir ein, ihr Klingelton klinge besorgt. Ich ließ dieses *Wobistdu? Wobistdu?* verhallen und tippte dann, im Langsamkeitsschatten eines Lastwagens fahrend, die Nachricht, dass ich sie liebe, dass ich aber heute allein sein müsse, es sei etwas passiert, nichts Schlimmes, und dass ich es ihr morgen erzählen werde.

In Innsbruck übernachtete ich im Wagen, auf einem Parkplatz mit Blick auf einen Lidl, über dessen Eingang eine Lampe flackerte.

Woran man es merkt

Zwei Tage später kehrte ich nach Hamburg zurück. Alex und Bea waren bereits nach Basel zurückgeflogen. Auf eine Weise war alles wieder wie vor der Abifeier. Johanna und ich saßen in der lauen Nacht auf meinem Balkon, tranken den billigen, guten Rotwein, der mir das Gefühl gab, das Leben im Griff zu haben, und wir schauten den Nachbarn in die Zimmer. Mittags hatte ich Nora besucht und sie gebeten, mir zu verzeihen. Sie sagte: »Du bist eben viel zu impulsiv. Das hast du von mir. Aber mit Alex kannst du jetzt wieder bei null anfangen.« Johanna sagte: »Euer Streit über das Geld, das hatte mit Barcelona zu tun. Ich hab dir ja gesagt, es wird sie kränken, wenn sie erfährt, dass du mit mir dort hinfährst. An den Ort, wo ihr als Familie so oft Urlaub gemacht habt. Mir ist ja auch nicht ganz wohl dabei.«

»Aber jetzt fahren wir dorthin!«, sagte ich.

Wir flogen nach Barcelona. Es war also anders als früher: nicht mit dem Auto. Wir wohnten jetzt außerdem in einem Hotel und nicht in der Ferienwohnung in der Carrer de Muntaner. Ich mied das El Xampanyet in der Carrer de la Princesa. Nirgendwo schmecken die Tapas besser. Aber das wusste ich, weil wir früher oft dort gegessen hatten, als Alex noch mit den Fingern in jeden Teller griff und Nora einen Schreikrampf kriegte, wenn ihr etwas nicht passte. Nora war im El Xampanyet praktisch aufgewachsen, und am dritten Tag, als Johanna mich fragte, welches Lokal ich zum Abendessen vorschlage, sagte Nora: »Gehen wir doch ins Xampanyet.«

»Nein«, sagte ich.

Wir entdeckten etwas Neues: Das Oviso an der Plaça Sant Jaume – genauso gut wie das Xampanyet. Oder vielleicht nicht genauso gut, sondern anders und auf seine Weise ausgezeichnet.

Nora und Tobias sprachen jeden Tag in Barcelona einige Sätze miteinander, als hätten sie einen Vorrat dabei, ein Leinensäcklein mit einer genau abgezählten Menge von Sätzen, die sie sparsam verwendeten, damit der Vorrat für die ganzen sieben Tage reichte.

Doch zwei Wochen nach Barcelona fuhren die beiden mit den anderen Abiturienten aus der Lichtenberg-Schule nach Mallorca: Zum Abschied gemeinsam ein paar Tage an der Sangríabowle verbringen, bevor man sich in alle Winde zerstreut zum Studieren, Arbeiten, Sprachenlernen.

Von dieser Abireise kehrten Nora und Tobias verändert zurück. Es war dort nämlich etwas geschehen. Nora erzählte mir, Sherin sei die ganze Zeit über *total schlecht drauf* gewesen, weil ihre

Teilnahme an der Reise zu einem Familienkrach geführt habe. Ihr Onkel habe ihr die Reise verboten, ihre Mutter habe das aber nicht akzeptiert. Es sei zum Streit gekommen. Sherins Mutter habe dem Onkel schließlich verboten, die Wohnung zu betreten. Daraufhin seien Verwandte, lauter Männer, vor der Wohnung aufgetaucht und hätten Sturm geklingelt. Sie hätten Sherins Mutter aufgefordert, sich beim Onkel zu entschuldigen. Die Mutter habe das aber abgelehnt und prompt einen Anruf von Sherins Großvater aus Afghanistan bekommen, ihrem ehemaligen Schwiegervater, der ihr mit Höllenstrafen gedroht habe. Eine von Sherins Tanten, *sie ist eine Kommunistin*, sagte Nora, habe Sherin am Tag der Abreise an der Wohnungstür abgeholt, um sie zum Flughafen zu fahren, und dabei sei es im Treppenhaus zu einem *Riesenstreit* zwischen der kommunistischen Tante und Sherins Mutter auf der einen und Sherins Onkel sowie zwei Cousins von Sherin auf der anderen Seite gekommen.

Die Familie Bakhtari war im Aufruhr. Sherin flog zwar nach Mallorca, simste dort aber auch noch um zwei Uhr morgens mit ihrer Mutter, die mit den Nerven am Ende war. Sherin saß in der Mittagssonne am Playa de Palma und weinte. Sherin stand abends beim gemeinsamen Pizzaessen plötzlich vom Tisch auf und lief über die Straße, ohne auf die Autos zu achten. Sherin trank schnell hintereinander fünf *Vodka Cherry,* und danach musste Tobias alles aufwischen, und den Rest des Abends verbrachten sie in einem Waschsalon.

»Aber sie hatten schon vorher eine Krise«, sagte Nora.

»Ich weiß auch nicht«, sagte Johanna. »Er sagt, sie hätten schon vor Mallorca eine Krise gehabt. Aber mehr sagt er mir nicht. Muss er auch nicht. Es geht uns nichts an.«

»Und wenn es wegen ihr ist?«, sagte ich.

»Wegen wem?«

Sherin und Tobias hatten also vorher schon eine Krise gehabt. Am zweitletzten Abend der Abireise trennten sie sich. Während einer *Schaumparty*. Es ging uns schon etwas an. Denn kaum waren Nora und Tobias zurück in Hamburg, planten sie eine gemeinsame Radtour. Drei Tage übers flache Land nach Fehmarn. So etwas wäre ihnen vor der Abireise nie in den Sinn gekommen. In Barcelona unternahmen sie nichts miteinander. Sie ließen sich von Johanna und mir ziehen und gaben nie ihre parallele Ausrichtung zueinander auf. Sie wandten sich einander nie zu, schauten sich überhaupt selten an. Und jetzt eine dreitägige gemeinsame Radtour?

»Findest du das nicht ... seltsam?«, sagte ich.

»Na ja, sie haben sich eben auf der Abireise besser kennengelernt«, sagte Johanna.

»Und wie war das genau?«, fragte ich, und Nora sagte: »Das habe ich dir doch letzte Woche schon erzählt!«

»Also du hast Tobias getröstet, weil er traurig war, wegen der Trennung von Sherin?«

»Nicht getröstet. Wir haben einfach drüber geredet. Es ging ihm nicht gut, ist ja klar. Er hat halt jemanden gebraucht, der ihm zuhört.«

»Er sagt, du hast ihn getröstet.«

»Wem hat er das gesagt? Dir?«

»Nein, Johanna.«

»Und das erzählt sie dir? Was ist denn daran so interessant?«

Ich sagte, ich versuche nur zu verstehen, warum sie und Tobias plötzlich eine Radtour miteinander machen wollten. Sie fragte, was das heiße, *plötzlich?* Ich sagte, sie hätten einander doch seit Jahren angeschwiegen, in den Ferien, zu Weihnachten und so weiter. Noch vor Kurzem in Barcelona habe sich ihre Kommunikation auf ein Hallo am Morgen und ein Tschüss am Abend beschränkt. Und jetzt eine sechstägige Radtour? Das sei ein ziemlicher Kontrast zu vorher, das müsse sie doch zugeben.

Nora sagte, sie finde das nichts Besonderes. Das wechsle eben. Manchmal verstehe man sich mit jemandem zuerst jahrelang nicht, und plötzlich ändere sich das.

»Siehst du: plötzlich«, sagte ich.

Man müsse manchmal auch zuerst mal lernen, mit jemandem umzugehen, sagte sie.

»Und das habt ihr auf der Abireise gelernt?«, fragte ich.

»Ja«, sagte sie. »Haben wir.«

Ich fragte sie, wie sie denn jetzt miteinander umgehen würden, im Vergleich zu früher.

»Eben anders«, sagte sie. Bei ihr komme zuerst der Kopf und dann das Herz. Bei Tobias sei es genau umgekehrt. Das habe sie jetzt begriffen. Früher habe sie oft gedacht *Gott, ist der empfindlich.* Und er habe sie für ein Pferd gehalten.

Nora lachte.

»Für ein Pferd?«, fragte ich.

»Ja! Er sagte: ›Ich dachte immer, du bist so was Ähnliches wie ein Pferd.‹ Hat er gesagt. Das finde ich lustig.«

Sie sagte, das sei das Problem gewesen: Sie sei bei einer Sache mit dem Kopf rangegangen und er mit dem Herz. Deshalb hätten sie einander früher überhaupt nicht verstanden.

»Aber jetzt ist das also anders«, sagte ich.

Sie fragte mich, ob jemand gestorben sei. Genau so würde ich nämlich dreinschauen.

Am ersten Tag ihrer Radtour schickte Nora mir ein Foto: ein Rapsfeld, dahinter Türme weißer Wolken. Sie schrieb, sie hätten gerade im Rapsfeld gebadet und seien ganz gelb. Am zweiten Tag schickte sie ein Foto von ihren nackten Füßen auf einem Spannteppich, daneben die Füße von Tobias in weißen Sportsocken. Sie schrieb, sie habe Blasen, er keine, weil er immer in ihrem Windschatten fahre. Mich machte der Spannteppich stutzig: Übernachteten sie in einem Hotel? Das Foto hatte mich um 22:18 erreicht.

»Es ist eine Jugendherberge«, sagte Johanna.

»Hat Tobias dir das geschrieben?«, fragte ich.

»Nein. Aber sie haben doch kein Geld für ein Hotelzimmer.«

»In einer Jugendherberge gibt's aber keine Zimmer mit Spannteppich!«, sagte ich.

»Dann frag Nora halt«, sagte Johanna.

Als ich abwinkte, sagte sie: »Doch. Frag sie. Wenn du es unbedingt wissen willst ...«

DJH VOR DEM BURGTOR LÜBECK, schrieb Nora zurück. *WARUM??? DISKUTIERT IHR WIEDER ÜBER UNS?*

Ich schaute mir die Webseite der Jugendherberge Vor dem Burgtor an: Zumindest das eine dort gezeigte Zimmer hatte Linoleumboden.

»Jetzt hör doch auf!«, sagte Johanna. »Das hätte Tobias mir doch erzählt, wenn es so wäre!«

Als ich mit Nora nach ihrer Rückkehr von der Radtour essen ging, versuchte ich, ihr etwas anzusehen. Sie sah gut aus, blühend. Ich musste an den Titel eines Kletschmerkonzerts denken, das ich vor einigen Jahren besucht hatte: *Du machst mich schön.* Sie erzählte wenig über die Radtour. Es sei schön und anstrengend gewesen, sie seien selbst bei Regen den ganzen Tag gefahren. Ein Bauer habe ihnen angeboten, bei ihm im Heu zu übernachten, aber er sei ihnen nicht geheuer gewesen, er habe nach Alkohol gerochen.

»Und was habt ihr sonst noch so erlebt?«, fragte ich.

Es ließ sich nicht länger leugnen: Ich hatte Angst.

Als Nächstes brachte Tobias Nora das Schachspielen bei. Wenn ich Johanna besuchte, traf ich in ihrer Küche meine Tochter an, die sich von Tobias eine Eröffnung zeigen ließ. Doch die beiden spielten nicht einfach nur Schach, sie lebten darin. Sie schauten sich gemeinsam auf YouTube Kasparov versus Topalov an und Videos mit Titeln wie *Nachbarschaftliche Schachpartie im Wiener Gemeindebau*. Sie saßen auf Tobias' neuem Bett und starrten auf den Bildschirm seines Notebooks. Er hatte sich ein größeres Bett gewünscht, und Johanna hatte es ihm gekauft. Es war ein Doppelbett mit Überbreite.

»Sie übernachtet aber nicht etwa hier?«, fragte ich, und Johanna sagte: »Spinnst du! Entschuldige, aber was stellst du denn für Fragen!«

Ich fragte Nora, ob sie auch manchmal bei ihr in der WG Schach spielten. Sie sagte: »Nein. Bei ihm ist es gemütlicher, und wir haben mehr Ruhe.«

Sie brauchten nämlich Ruhe, um Schachprobleme zu lösen. Wenn sie bei Tobias war, schlossen sie manchmal die Tür seines Zimmers, und dann hörte man nichts mehr. Johanna und ich saßen im Wohnzimmer, tranken Wein, plauderten, hielten uns im Arm, und sie sagte: »Lass uns zu dir gehen.« Wir zogen im Flur die Mäntel an, und ich klopfte an Tobias' Tür und sagte: »Nora, ich gehe jetzt. Wir sehen uns dann am Mittwoch.« Es kam mir falsch vor, dass Nora in Johannas Wohnung zurückblieb, während ich und Johanna weggingen.

»Was hast du denn immer!«, sagte Johanna. Aber ich merkte, es beunruhigte sie auch, sogar so sehr, dass sie entgegen ihrer Art nicht darüber sprechen wollte.

»Und wie ist es mit Jungs?«, fragte ich Nora bei unserem nächsten Treffen. Sie sagte, damit habe sie es nicht eilig. Sie sei *nach der langen Zeit mit Lukas* ganz gern ohne. Ich sagte, so ohne sei sie ja nun auch wieder nicht.

»Wie jetzt?«, sagte sie. »Bin ich verliebt? Weißt du etwas, was ich nicht weiß?«

Sollte ich es jetzt aussprechen? Hör mal, Nora, wenn es so ist, wie ich befürchte, dann will ich das nicht. Ich weiß, das wird daran nichts ändern. Aber ich will es nicht. Es geht nicht. Ich bin dagegen. Wir werden alle gemeinsam Weihnachten feiern dieses Jahr. Und ich will nicht beim Weihnachtsessen einem Paar gegenübersitzen. Einem Paar, bestehend aus meiner Tochter und dem Sohn meiner Frau. Sollte ich ihr das jetzt etwa sagen?

Zwei Wochen später tauchten die beiden auf der Premierenfeier meines neuen Films im *Partnerlook* auf. Ich hatte Nora und selbstverständlich auch Tobias zur Premiere eingeladen, so wie auch Grübchen und Alex. Als Grübchen erfuhr, dass es in dem Film um einen Mann und eine Frau geht, die sich unter anderem küssen, wollte er lieber zu Hause bleiben. Er verbrachte den Abend bei Rolf. Alex meldete sich nicht und erschien nicht. Dass Nora kommen würde, war klar, und auch mit Tobias hatte ich gerechnet. Aber nicht damit, dass sich beide schwarz-weiß anziehen würden. Sie kamen als Schachbretter. Er schwarzer Pullover, weiße Hose, sie weiße Bluse, schwarze Hose. Es fiel auf, und jedermann hielt sie für ein Paar. Ich musste mehrmals korrigieren: »Nein, das ist meine Tochter, und der junge Mann ist der Sohn meiner Frau.« Es war nicht nötig, hinzuzufügen *Sie sind kein Paar*. Wen ich über die familiären Zusammenhänge in Kenntnis gesetzt hatte, der verwarf von selbst die Annahme, sie könnten Liebende sein. Das zeigte mir aber erst recht, wie begründet meine Sorge war.

Als ich in dem Trubel endlich dazu kam, fragte ich Johanna, ob sie davon gewusst habe?

Sie schüttelte lange den Kopf.

Dann der Heilige Abend in Johannas Wohnung. Dieser besonders gerade gewachsene Christbaum. Die Krippe aus Johannas Kindertagen, die wieder funktionierte: Ich hatte endlich eine passende Leuchtdiode für die Laterne über der Wiege des Jesuskindes gefunden. Der bunte Geschenkeberg mit Grübchen als Bergmann und darüber die knisternden Wunderkerzen. Das *Filet Wellington* auf der Porzellanplatte, eine Tradition, die ich aus meiner Familie mitgebracht hatte. Der Ablauf der Feier war ein Kompromiss aus zwei Familientraditionen: In meiner Familie war es üblich gewesen, die Geschenke nach dem Essen auszupacken. In Johannas Familie hatte man sie vor dem Essen geöffnet. In den ersten Jahren machten wir es so, aber ich konnte mich nie daran gewöhnen, in einem Esszimmer voll von aufgerissenem Packpapier, geplünderten Kartonschachteln und Styropor das Filet Wellington zu essen. Ich fand es schöner, zuerst zu essen und sich die Neugier auf die Geschenke zu bewahren, und außerdem war es einfach immer so gewesen, früher. Johanna fand es aber sonderbar, zuerst zu essen und die Geschenke erst dann zu öffnen, und außerdem ließ Grübchen sich, sobald er den Geschenkeberg sah, jeweils kaum noch bändigen. Seit drei Jahren trafen wir uns in der Mitte: Die Bescherung fand nach dem Essen statt, aber jeder, der wollte, durfte vor dem Essen zwei Geschenke aufmachen. »Bitte drei!«, rief Grübchen. »Nur dieses eine Mal! Nur dieses Jahr!«

Dieses Jahr saßen Tobias und Nora nebeneinander am Tisch. Sie saßen nicht auf ihren Stammplätzen, einander gegenüber. Jahrelang war dies so Sitte gewesen, aber jetzt saß Nora plötzlich auf dem Platz, auf dem Johanna sonst immer saß. Üblicherweise saßen Johanna und ich uns gegenüber, aber nun saßen Nora und Tobias an der einen Tischseite und wir an der anderen. So saßen Paare: Mann und Frau nebeneinander und dem anderen Paar gegenüber. Ich fand es unangenehm. Wir waren vielleicht keine Familie, aber wir waren auch nicht ... Allein der Gedanke, dass hier zwei Paare sitzen könnten!

»Ach so«, sagte Johanna. »Ich dachte, ihr sitzt wie immer.« Nein, sie saßen nicht wie immer. Wir mussten die Weingläser umstellen, denn sie tranken beide keinen Wein. Ich überlegte mir, ob ich Nora anweisen sollte, sich auf ihren alten Platz zu setzen, neben mich und Tobias gegenüber.

»Ihr sitzt sonst nie nebeneinander«, sagte Grübchen.

»Quatsch«, sagte Tobias.

Aber nein, es war kein Quatsch!

»Das ist doch jetzt egal«, sagte Johanna.

Wir aßen. Gesungen hatten wir schon. Das Filet war zu trocken, ich hatte es zu lange angebraten. Johanna legte ihre Hand auf meine.

»Schmeckt sehr lecker«, sagte sie.

Durchs Balkonfenster sah ich in der Wohnung gegenüber einen Mann, der mit einem kleinen Kind auf dem Arm vor dem Christbaum stand. Ich sah nur ihn und das Kind, niemanden sonst, obwohl ich das ganze Wohnzimmer überblicken konnte. Beim Dessert, einer Crème brûlée von Johanna, war er mit dem Kind immer noch allein, es war niemand hinzugekommen. Seit einer halben Stunde nur er und das Kind. Ich gab die Hoffnung auf, dass sich das noch änderte.

Grübchen stürzte sich auf die Geschenke.

Nach der Bescherung saßen Johanna und ich auf dem Sofa, wir hatten beide die Schuhe ausgezogen, die Beine hochgelegt, wir tranken Espresso und betrachteten melancholisch den Weihnachtsbaum und die wunderbare Verwüstung und Grübchen, der seinem neuen Roboter das Gehen beibrachte.

»Am schönsten ist Weihnachten, wenn es vorbei ist«, sagte Johanna und legte ihren Kopf auf meine Schulter.

Tobias und Nora waren in die Küche verschwunden. Ich blickte in den Korridor, sah an dessen Ende den Kühlschrank, darauf eine leere Prosecco-Flasche. Ich sah in der Türrahmung die Lehne des Stuhls, auf dem Tobias jeweils saß, wenn er, Johanna und Grübchen in der Küche aßen. Der Stuhl war leer. Nora und er hatten sich, absichtlich oder nicht, so hingesetzt, dass man sie vom Wohnzimmer aus nicht sehen konnte.

Absichtlich oder nicht ... War denn außer der veränderten Sitzordnung beim Essen heute Abend irgendetwas vorgefallen zwischen den beiden? Etwas, das meine Befürchtung bestätigte? Nein. Nichts. Einmal beim Dessert hatten sie miteinander getuschelt. Na und? Das ganze Problem bestand möglicherweise nur in meinem Misstrauen und war gelöst, sobald ich aufhörte, die beiden argwöhnisch zu beobachten.

»Mann, der ist kaputt!«, sagte Grübchen über

den Roboter, als dieser keinen Schritt mehr tun wollte. Es waren aber, wie sich herausstellte, nur die mitgelieferten Batterien bereits leer.

»Wo denn?«, fragte Grübchen.

»In der Küche«, sagte Johanna.

Also ging er in die Küche, um die Batterien zu holen.

Ich sprach über billige Chinaware, und Johanna sagte: »So billig war der gar nicht«, und dann hörten wir das schnelle Stampfen kleiner Schritte: Grübchen rannte durch den Flur auf uns zu. Unter der Tür zum Wohnzimmer kam er zum Stehen und sagte mit aufgerissenen Augen: »SIE HABEN SICH GEKÜSST! RICHTIG GEKÜSST! TOBIAS UND NORA! ICH HAB'S GESEHEN!«

Die Mauern stürzten ein. Die Mauern des Gebäudes, das Johanna und ich errichtet hatten, als wir uns ineinander verliebten und unsere Kinder in dieser Liebe unterbrachten im Teil des Gebäudes, das wir sorgfältig für sie ausgesucht hatten. All die Jahre hatten wir dieses Gebäude instand gehalten: Es handelte sich um eine Ordnung, beruhend auf Übereinkünften und deklarierten Absichten. Aber es war keine Ordnung, die auf Erfahrung gründete. Wir wussten, was es bedeutete, jemanden zu lieben und mit ihm gemeinsame Kinder zu haben. Aber wir hatten keine Erfahrung damit, mit jemandem, der Kinder mitbrachte, einen losen Verband zu gründen, in dem man *irgendwie* zusammengehörte. Es war immer etwas zu tun gewesen, damit es funktionierte und alle sich wohlfühlten, und man hatte beständig dazugelernt. Aber das Gebäude hatte den Charakter des Behelfsmäßigen nie verloren, es war immer etwas Vorläufiges, ja sogar Zusammengeschustertes geblieben. Darüber hatten wir nie gesprochen, nie nachgedacht, denn wir waren uns dessen gar nicht bewusst gewesen. Wir dachten, es funktioniert. Wir dachten: Man kann sich aus einer Ehe, die einen am Schluss unglücklich gemacht hat, befreien. Man kann jemand anderen kennenlernen, sich verlieben. Man kann seine eigenen und die Kinder des anderen in einem Vergnügungspark in dieselbe Mickeymouse-Gondel setzen und zusehen, wie die Kinder auf dem künstlichen Teich fröhlich davontreiben, und in der freien Minute, die man nun hat, küsst man sich heimlich hinter dem Kassenhäuschen. Aber etwas stimmte nicht, und was da nicht stimmte, war nichts Geringeres als die ganze Situation. Sie konnte gar nicht stimmen. Wir hatten gar nie etwas zu bestimmen gehabt: Die Regeln waren im Olymp festgelegt worden. Und von der Schicksalshand geschüttelt saßen Johanna und ich da und hörten Grübchen die Nachricht ausrufen, dass ihr Sohn und meine Tochter sich küssten. Dass *irgendwie* Bruder und *irgendwie* Schwester an Heiligabend an der Familienfeier ihre Leiber aneinanderdrückten.

Ich war im Aufruhr, aber unfähig, etwas zu tun.

Johanna stand auf und machte die Tür zum Flur zu, damit die beiden in der Küche nichts hörten.

»Bist du sicher?«, fragte sie Grübchen. »Schau mich an: Hast du das wirklich gesehen?«

»Ja! Sag ich doch!«, sagte Grübchen. »Vorhin. Ich hab sie gesehen, wie sie sich geküsst haben. Ich schwör's, wenn ihr wollt.«

»Verdammt noch mal, Max!«, sagte Johanna so laut, dass er zusammenzuckte. »Du sollst mich anschauen!«

Nachtrag

Ein paar Wochen später holte ich Grübchen und seinen besten Freund Leon von der Schule ab. Ich hatte Grübchen versprochen, den beiden auf dem Heimweg in einer Bäckerei, die für ihre Brownies bekannt ist, zwei zu kaufen. Sie standen vor der Vitrine und konnten sich lange nicht zwischen denen mit Schokoladeguss und denen mit Nüssen entscheiden. Es warteten noch andere Kunden, und die junge Verkäuferin sagte: »Vielleicht lasst ihr am besten euren Vater entscheiden. Was meint ihr?« Sie brachte damit beide in Verlegenheit. Leon sagte: »Das ist nicht mein Vater.« Grübchen musste sich jetzt auch äußern. »Das ist der Freund meiner Mutter«, sagte er. In welchem Zeitalter lebte diese Verkäuferin eigentlich? Die Selbstverständlichkeit, mit der sie einen Mann, der mit zwei Kindern einkaufte, für deren Vater hielt, kam mir gehörig naiv vor. Vielleicht war sie auch nur gedankenlos. Aber ich schwieg. Eigentlich war es mir sogar egal.

Mir war nur wichtig, dass Nora und Tobias kein Paar waren.

Sie hatten sich an Heiligabend nicht geküsst. »Ich wollte euch nur austricksen«, hatte Grübchen gesagt: »Weil ihr immer miteinander küsst, wenn ich da bin. Jetzt seht ihr mal, wie das ist.« Johanna sagte: »Die Pubertät beginnt immer früher.« So ist es. Und das Alter dauert immer länger. Die Sommer werden feuchter, die Winter milder. Die Zivilcourage wird seltener, und die Leute steigen in der U-Bahn über Sterbende, ohne sich um sie zu kümmern: Alles wird seltener, außer das, was man nicht will. Aber es gibt auch immer wieder Momente des Aufatmens: Nora lernte schon kurz nach dem vermeintlichen Kuss einen muskulösen Psychologiestudenten kennen, Florian. Er war seither immer dabei, wenn ich mich mit Nora traf. Er sagte nicht viel, aber er machte es durch eine *wahnsinnige Aus-*

strahlung wett, wie Nora fand. Tobias und Sherin verliebten sich auf der Geburtstagsparty einer gemeinsamen Freundin aufs Neue, und diesmal war alles leichter, denn Sherins Onkel war von seiner Firma nach München versetzt worden. Alex antwortete auf meine Mails nicht und nahm meine Anrufe nicht an, und Bea schrieb, ich solle sie in Ruhe lassen.

Es war also einiges gut, anderes weniger. Aber insgesamt, unter dem Strich, war alles wieder so wie vor der Abifeier. Nur etwas nicht: Jetzt sehnte ich mich manchmal danach, es möge alles so sein wie sehr lange vor der Abifeier, wie in alten Zeiten, als in den Stuben an langen Tischen viele Menschen saßen.

ENDE